Marketing
Pós-eleitoral

Dados Internacionais de Catalogação na Publicação (CIP)
(Câmara Brasileira do Livro, SP, Brasil)

Manhanelli, Carlos Augusto
  Marketing pós-eleitoral : técnicas de marketing para um mandato de sucesso / Carlos Manhanelli. – São Paulo : Summus, 2004.

ISBN 978-85-323-0861-0

1. Brasil – Política e governo 2. Campanhas eleitorais – Brasil 3. Comunicação na política – Brasil 4. Eleições – Brasil 5. Eleições – Brasil – Marketing 6. Planejamento estratégico – Brasil I. Título.

04-2210   CDD-324.70981

Índices para catálogo sistemático:

1. Brasil : Campanhas eleitorais : Ciência política   324.70981
2. Brasil : Marketing eleitoral : Ciência política   324.70981

Compre em lugar de fotocopiar.
Cada real que você dá por um livro recompensa seus autores
e os convida a produzir mais sobre o tema;
incentiva seus editores a traduzir, encomendar e publicar
outras obras sobre o assunto;
e paga aos livreiros por estocar e levar até você livros
para sua informação e seu entretenimento.
Cada real que você dá pela fotocópia não autorizada de um livro
financia um crime
e ajuda a matar a produção intelectual.

CARLOS AUGUSTO MANHANELLI

MARKETING PÓS-ELEITORAL

TÉCNICAS DE MARKETING
PARA UM MANDATO DE SUCESSO

summus editorial

MARKETING PÓS-ELEITORAL
Técnicas de marketing para um mandato de sucesso
Copyright © 2004 by Carlos Augusto Manhanelli
Direitos desta edição reservados por Summus Editorial

Capa: **Ana Lima**
Editoração eletrônica: **ABBA Produção Editorial Ltda.**
Fotolitos: **All Print**

1ª *reimpressão*

Summus Editorial
Departamento editorial:
Rua Itapicuru, 613 – 7º andar
05006-000 – São Paulo – SP
Fone: (11) 3872-3322
Fax: (11) 3872-7476
http://www.summus.com.br
e-mail: summus@summus.com.br

Atendimento ao consumidor:
Summus Editorial
Fone: (11) 3865-9890

Vendas por atacado:
Fone: (11) 3873-8638
Fax: (11) 3872-7476
e-mail: vendas@summus.com.br

Impresso no Brasil

AQUELES QUE SOMENTE COM SORTE SE TORNARAM DE
CIDADÁOS COMUNS EM PRÍNCIPES, COM POUCA
FADIGA ASSIM SE TRANSFORMARAM, MAS SÓ
COM MUITO ESFORÇO ASSIM SE MANTÊM.

O PRÍNCIPE – NICOLAU MAQUIAVEL

AGRADECIMENTOS

Dedico este livro primeiro ao maior consultor político do universo, a quem sempre peço conselhos em minhas preces e que nunca me faltou.

Também quero agradecer a meus pais, por terem me mostrado os caminhos e deixado ao meu livre-arbítrio a escolha e por estarem até hoje entre nós, motivo de muita alegria para mim.

À minha esposa Sula, palpiteira, revisora e ouvinte paciente de tantos trabalhos, pela inestimável retaguarda tanto na vida como no escritório, mesmo nos longos períodos de distância, durante minhas incontáveis viagens, mas, e principalmente, pela tolerância e solidariedade em todos os momentos de estresse e sufoco, alegria e realizações, sempre com muito trabalho, nestes 28 anos de amor e companheirismo.

Ao Marcos, meu querido irmão, confidente, mais antigo e melhor amigo, que me acompanha por esta vida afora, sempre com conversas e conselhos que remetem ao ponto de equilíbrio, indispensável para minhas dúvidas e certezas de estar no caminho certo em cada situação ou ocasião.

Aos meus filhos Caio (futuro sociólogo) e Carla (futura advogada), que trabalhando com o velho têm a oportunidade de me deixar conviver com seus pensamentos diários, enriquecendo nossa experiência de vida e compensando um pouco a falta que fiz quando menores, em razão de minha escolha profissional.

A todos os associados da ABCOP que construíram comigo nossa profissão, hoje reconhecida e respeitada internacionalmente.

Somos consultores políticos, com muito orgulho e honra.

São Paulo, abril de 2004.

SUMÁRIO

APRESENTAÇÃO 11

CAPÍTULO 1 — MARKETING, MARKETING ELEITORAL,
MARKETING POLÍTICO OU MARKETING
PÓS-ELEITORAL 13

CAPÍTULO 2 — O PAIOL 23

CAPÍTULO 3 — AS PESQUISAS E O MARKETING
POLÍTICO PERMANENTE. 31

CAPÍTULO 4 — A ASSESSORIA DE IMPRENSA 41

CAPÍTULO 5 — A PROPAGANDA POLÍTICA. 49

CAPÍTULO 6 — O ESPECIALISTA EM MARKETING
POLÍTICO/ELEITORAL 57

CAPÍTULO 7 — O DEPARTAMENTO DE
COMUNICAÇÃO SOCIAL 59

CAPÍTULO 8 — A COMUNICAÇÃO POLÍTICA. 75

CAPÍTULO 9 — TELEMARKETING 93

CAPÍTULO 10 — CASES 99

Apresentação

É comum, em anos eleitorais, o surgimento de novos "profissionais" de marketing político. Jornalistas, assessores, empresários, professores – geralmente sem um mínimo de experiência prática e nenhum conhecimento técnico – se arvoram na qualidade de marqueteiros e começam a prestar "serviços" aos candidatos.

Normalmente, no mundo inteiro, os especialistas se dedicam durante um longo tempo a suas áreas. O Brasil deve ser um dos poucos países do globo, se não for o único, em que os especialistas se multiplicam à medida que as necessidades vão aparecendo. De um dia para outro, eles surgem aos borbotões.

Geralmente, nas campanhas e até nos cursos, campeia o amadorismo. Eu mesmo já participei de um seminário de razoável envergadura no qual um dos palestrantes afirmou, simplesmente, que o marketing político não existe e que é besteira utilizar as pesquisas quantitativas em campanhas eleitorais. Se estão ensinando coisas dessa natureza, é possível imaginar o nível dos alunos.

O marketing político, concebido em sua forma moderna, é uma atividade relativamente recente. A eleição pode ser definida como uma gigantesca campanha de comunicação – e, nessa campanha, é natural que os candidatos e suas equipes lancem mão das mais eficientes técnicas: pesquisa, organização gerencial, marketing, meios de comunicação de massa etc.

Carlos Augusto Manhanelli é um profissional com longa trajetória. Tem larga experiência no plano de organização de campanha e grande capacidade de gerir processos que são, na maioria das vezes, complexos. Seja porque o esforço para eleger um candidato é altamente concentrado num curto espaço de tempo, seja porque a campanha tem um forte componente emocional.

O leitor tem em mãos um livro em que o autor apresenta, de forma prática, os caminhos para se montar uma estrutura de comunicação depois que o candidato foi eleito. Tal estrutura tem por objetivo servir de canal bidirecional de contato entre o político e a população – para identificar suas exigências e, ao mesmo tempo, evidenciar as ações administrativas de seu mandato.

E, é bom que se diga, Manhanelli não é desses "especialistas de última hora". Ao contrário, além da participação em diversas campanhas, tem realizado, como presidente da Associação Brasileira de Consultores Políticos (ABCOP), um belíssimo trabalho visando à profissionalização crescente de uma atividade que, infelizmente, vem sendo invadida por diletantes.

Rubens Figueiredo
Cientista político pela USP, especialista
em marketing político e autor de vários
livros sobre marketing político, pesquisa
de opinião e avaliação de governos

Capítulo I

Marketing, marketing eleitoral, marketing político ou marketing pós-eleitoral

UM LÍDER COMEÇA A DESAPARECER QUANDO SEUS LIDERADOS
PARAM DE DEFENDÊ-LO OU DE DISSEMINAR SUAS IDEIAS E SEUS IDEAIS.

CARLOS AUGUSTO MANHANELLI

Marketing: acredito que nunca uma palavra foi tão mal interpretada quanto esta. Sua má fama remonta à etimologia. Tem origem nas palavras *mercare*, "comerciar", *meriri*, "servir por dinheiro", e *merere*, "receber". Daí derivam outras palavras como mercador, mercenário, meretriz e assim por diante.

Muitas empresas têm contribuído para o marketing tornar-se sinônimo de fomentador do consumismo, instrumento de lavagem cerebral, propaganda ilusória, venda agressiva ou propaganda enganosa.

Esses empresários pensam que estão praticando marketing, quando na verdade sua atenção está voltada apenas para os lucros. É nessa linha de ação que desenvolvem produtos que consideram ideais, sem qualquer consulta ao público que visam atingir. Depois esperam alcançar seus objetivos com uma propaganda maciça e uma equipe agressiva de vendedores.

Para esses "praticantes", marketing nada mais é que sinônimo de propaganda e vendas. Por isso na população fixou-se uma imagem negativa: marketing lembra aquele bombardeio de anúncios em rádio e televisão, aqueles cartazes de todos os tamanhos poluindo a cidade ou, ainda, aquele vendedor insistente, chato, que violenta a vontade e empurra um produto que você jamais desejou ou sentiu necessidade de ter.

Marketing político: quantas definições já foram dadas a essas duas palavras que na verdade são autoexplicativas. Marketing vem da junção da palavra da língua inglesa *market,* que quer dizer "mercado", e do sufixo *ing,* que indica "ação". Portanto temos como definição de marketing "mercado em ação", "movimento de mercado". Então marketing é a ciência que estuda o movimento do mercado. O marketing político estuda o movimento e a reação dos que recebem as ações políticas.

Surpreendentemente várias ações de propaganda, venda, comunicação, relações públicas, cerimonial etc. são chamadas de ações de marketing político. Entretanto, para que possamos prosseguir com este livro, vamos definir que *não existe uma ação de marketing, mas ações derivadas de um estudo do comportamento do mercado que queremos atingir.*

Uma ação isolada de qualquer outra ciência não é marketing. Propaganda é propaganda, venda é venda, pesquisa é pesquisa etc. Com base nessa definição, começaremos a penetrar no mundo do marketing político.

Muitos têm definido o marketing político como uma ação simplesmente eleitoral. Entretanto, na nossa concepção, marketing político é diferente de marketing eleitoral. O primeiro é dirigido a quem receberá as ações políticas ou sociais derivadas dos mandatários dos cargos executivos e legislativos. O segundo tem como alvo aqueles que terão de ser convencidos a votar neste ou naquele candidato.

Portanto, o marketing como ciência para uso político divide-se em duas matérias, o marketing eleitoral e o marketing político.

Muitos autores (incluindo este que agora escreve) já consagraram diversas obras ao marketing eleitoral, mas, pela própria confusão entre as duas matérias, o termo marketing político é usado exclusivamente em campanhas eleitorais.

Esta obra tem a pretensão de aprofundar a discussão sobre o marketing político ou marketing pós-eleitoral, ou ainda o marketing pré-eleitoral, marketing do executivo e do legislativo, marketing institucional político, marketing permanente ou como queiram denominar.

Vamos aos fatos: políticos normalmente se elegem e esquecem o eleitorado.

Um dos grandes erros da maioria dos políticos é achar que seus eleitores não guardam rancor do esquecimento a que são relegados. Mas de quatro em quatro anos o eleitor tem a chance de vingar-se do voto que deu na eleição anterior.

Muitos políticos já tiveram sua curta carreira naufragada por falta de visão de longo prazo.

Os parlamentares que não conseguiram se reeleger, ou os mandatários do executivo que não conseguiram eleger seu sucessor, desperdiçaram a mais poderosa e barata arma do marketing eleitoral de que um político pode dispor: o próprio mandato.

Muitos dos políticos modernos já se conscientizaram de que a população tem carências constantes, entre as quais está a afetiva.

Fazer-se presente durante todo o mandato é uma das formas de ser lembrado na época da campanha eleitoral e tornar mais fácil o trabalho de amarração do voto.

Esse trabalho deve começar logo após a eleição. Sabemos que todos os candidatos, principalmente os vencedores, querem e precisam de um período de descanso após as eleições, que os consumiram com agendas apertadas, compromissos inadiáveis, reuniões intermináveis e os famosos cafezinhos. Infelizmente, cabe ao político eleito ainda um último esforço para que possa preparar e pavimentar o caminho de seu mandato: agradecer o apoio.

Não, não estamos falando daquele discurso genérico que você fez achando que todos já ouviram seu agradecimento. Esse infelizmente não vale. E não use como argumento a montagem da equipe, a demanda da imprensa, as viagens, as preparações para cumprir bem o mandato, as reuniões com outros políticos etc., pois todas essas desculpas eu e seus eleitores já conhecemos.

Outro argumento bastante conhecido é o de que "visitar as bases agora é só receber cobrança das promessas de campanha". Ledo engano: seus eleitores saberão reconhecer que o momento e a hora não são apropriados para qualquer cobrança.

Prepare-se para fazer a "via-sacra" e agradecer a todos os seus eleitores, ou ao menos aos que lhe ajudaram diretamente, ou se conforme com o comentário: "Agora que ele se elegeu, não precisa mais de nós" e amargue na próxima eleição o prejuízo que certamente essa atitude causará.

É um momento bastante importante, pois você estará pisando em seu terreno, onde você conseguiu a vitória, e deve-se mostrar agradecido. O ato de visitar seus eleitores reafirma o pacto efetuado entre vocês e fortalece os laços de confiança e credibilidade lançados durante a campanha.

Se este for seu primeiro mandato, essa visita é fundamental, pois formará a primeira impressão, que para a maioria das pessoas é definitiva e única (a primeira impressão é a que fica). Se essa impressão for favorável, o eleitor tenderá a ver com tolerância, boa vontade e compreensão seus atos, e acabará consolidando uma imagem positiva sobre sua personalidade política. Como sabemos, boa imagem é tudo de que um político precisa para ser bem-sucedido.

Um político deverá ser muito cuidadoso com a primeira impressão que causa, pois não terá uma segunda chance (segunda impressão). A primeira impressão tende a consolidar-se na mente das pessoas que o conhecem e difundir-se pelo boca a boca.

A organização dessa primeira visita é fundamental. Todos devem ser envolvidos: as lideranças locais, as autoridades, os meios de comunicação, o comércio, as associações e até a comunidade.

Você agora é uma autoridade e seus eleitores esperam que se comporte como tal. Precisa ter cuidado com o que diz e manter a coerência com o que disse em campanha. Suas primeiras iniciativas também serão minuciosamente estudadas para saber suas reais intenções.

Deve-se levar como mensagem inicial como será a forma de comunicação entre seu gabinete e os eleitores: correspondência, visitas, reuniões, solicitações de agendas etc.

Convide todos a comparecer a seu gabinete para ajudá-lo a construir o mandato por meio de sugestões, críticas e novas ideias. Reafirme seus compromissos de campanha, informe quais serão suas ações prioritárias, seus projetos e suas atividades assim que assumir o cargo. Informações claras sobre o quadro político atual mantêm a confiança daqueles que o elegeram.

Lembre-se de que um político vive de imagem e construir uma imagem confiável e com credibilidade nos dias de hoje é todo o diferencial de que se necessita. Você terá de reconstruir, ao menos em parte, a campanha eleitoral.

Logo após a posse, é necessário montar sua estrutura de comunicação. Normalmente os departamentos de comunicação e imprensa na esfera política trabalham apenas com mídia, ou seja, sua preocupação básica é a de levar ao conhecimento de jornais, revistas, rádios e TVs o conceito de divulgação das ações políticas. A mídia, no entanto, é apenas uma pequena parte de um planejamento de marketing.

Esse erro não deve ser imputado às assessorias, que na maioria das vezes são muito bem-intencionadas, mas aos próprios políticos, que ainda tratam esse tema com descaso e falta de profissionalismo.

É raro encontrar um político que acredite desde o primeiro dia de mandato na importância do marketing e da comunicação. Ou porque ele julga que um bom trabalho termina por aparecer – e, nesse caso, basta trabalhar e esperar –, ou porque não é capaz de perceber o que o marketing e a comunicação trarão para a formação de sua força política eleitoral.

Por isso o marketing e a comunicação nunca se tornam prioridade. E quando não se compreende a importância do marketing e da comunicação o resultado só poderá ser o fracasso na tarefa da informação e da formação da sua imagem pública.

O segundo problema é a falta de profissionalismo. Muitas vezes o político tem vontade, interesse e conhece a força do marketing, mas entrega essa tarefa a um "entendido", que pode ser um cabo eleitoral que o ajudou, um primo do deputado, um menino de futuro e cheio de vontade, mas que nunca trabalhou na área, e o resultado é também fracasso.

O político necessita do marketing político em suas gestões para ampliar as pontes de comunicação com sua comunidade, prestar contas periódicas, criar um clima de aceitação e simpatia, abrir fluxos de acessos, identificar pontos de estrangulamento nas estruturas burocráticas de seus gabinetes, identificar anseios, expectativas e demandas sociais, e criar um clima de confiança e credibilidade, virtudes tão requisitadas dos políticos, porém raras.

Para que um trabalho de marketing dê certo é fundamental que existam interesse por parte do político e profissionalismo por parte de quem vai executar essa tarefa.

É evidente que um profissional de marketing político sozinho não fará milagres, pois o marketing na esfera política depende de outras ciências para ser impetrado com sucesso. Assessoria de imprensa, cerimonial, eventos, informática, propaganda, projetos especiais, telemarketing e pesquisas farão parte de qualquer plano de marketing político.

Essa estrutura é bastante simples. As pesquisas demonstram as principais necessidades da população e permitem a verificação dos resultados das ações sobre a opinião pública.

Dois instrumentos destacam-se no processo de marketing político: o primeiro é o planejamento estratégico, no qual o governante opera com base em informações e dados obtidos com rigor técnico em duas fontes básicas: suas secretarias ou diretorias (o que estão fazendo e como) e pesquisas quantitativas e qualitativas para levantar as demandas prioritárias da população (graus de pressão e de satisfação). Além deles podemos citar o uso da criatividade para o desenvolvimento de alternativas que melhorem a vida das comunidades e a identificação de oportunidades de desenvolvimento das comunidades (levantamento de vocação econômica da região/programas estratégicos).

O segundo instrumento é a comunicação, que merecerá capítulo à parte.

Inicialmente as pesquisas detectam os principais problemas que preocupam cada segmento geográfico ou social. Com base nessas informações, serão definidas as linhas de atuação política ou administrativa.

Derivada das pesquisas, surge a configuração da ideia ou prática social, que consiste em desenvolver ideias adequadas às necessidades da população. A seguir, otimizamos os meios para facilitar a aceitação de ideias ou ação social, adequamos a comunicação para promover essas ideias ou ação social e dimensionamos os custos/benefícios.

Uma ação impetrada não auxilia a composição nem a manutenção da imagem de um político se não for trabalhada pela comunicação e devidamente divulgada.

Quando o político não comunica suas ações, acaba deixando espaço para que a oposição divulgue a sua "versão dos fatos", na maioria das vezes distorcida. É preciso ocupar todos os espaços disponíveis.

Como estamos vendo, o marketing político pode e deve ser usado tanto no executivo como no legislativo e em qualquer das esferas (municipal, estadual ou federal).

Devemo-nos deter um pouco no item informática. Com a explosão da Internet em todo o mundo, o computador tornou-se um dos melhores meios de comunicação para um gabinete legislativo ou executivo. Com a informática podemos administrar um bom banco de dados, contatar os meios de comunicação, ter acesso a notícias e fatos que possam ajudar nas decisões, orientar todos os colaboradores do mandato etc.

O marketing político compreende um conjunto de meios, formas, recursos e ações de pesquisa, comunicação e mobilização que sustente suas atividades e vise aumentar a dimensão pessoal/administrativa do executivo ou legislativo, sua gravidade política, liderança e popularidade, num movimento planejado para convergir com todos os fatores auxiliares para um ponto preciso no futuro, arrebanhando discordantes e reafirmando seguidores.

Está bem, muito "blablablá" e pouca ação. Então vamos lá. Como fazer? Seguem algumas dicas:

- ◆ Identificar o público a ser atingido. É preciso entender que você é um político e como tal é visto como um prestador de serviços para sua comunidade, e é remunerado. Por isso você não pode nem deve ficar apenas com seus eleitores. É hora de ampliar seus horizontes e conquistar novas frentes. O primeiro passo então é saber quem é seu eleitor e quem não é. Manutenção e ampliação serão os objetivos de marketing iniciais para qualquer mandato. Precisamos então definir o nosso público-alvo. Seu diferencial como político é sua competência e os resultados dela decorrentes. Com certeza é nisso que a comunidade que você representa está interessada.

◆ Identificar, dentro da comunidade, quem são as pessoas que devem conhecer suas competências e os resultados oriundos de seu trabalho político.

◆ Aproveitar e criar espaços dentro da comunidade para falar um pouco do projeto político que vem desenvolvendo. Não espere apenas por situações formais como palestras, tribunas e encontros políticos. Uma conversa informal ou mesmo um jantar podem ser um espaço para discutir projetos e ideias, e o que você tem feito para atingir seus objetivos. Não perca oportunidades.

◆ Adquirir exposição fora da sua comunidade dando palestras, opinando sobre assuntos nacionais e internacionais. Lembre-se de que sua carreira política poderá ser impulsionada se você for reconhecido e valorizado fora de sua comunidade. Seja político, saiba como, quando e com quem falar.

◆ Identificar o tipo de mídia que lhe possa trazer benefício e escrever artigos, dar entrevistas etc. Não se esqueça de relacionar os militantes na mídia especializada (seções políticas).

◆ Fazer projetos e empreender ações políticas que possam ser repercutidas. Apenas falar mal do concorrente político não é suficiente.

Treinar seus colaboradores mais próximos de forma que sejam capazes de falar com clareza sobre suas propostas, seus projetos e suas ideias.

Cuidar de sua comunicação. Ela é um elemento primordial no marketing político. Você deve saber se posicionar e ter desenvoltura em uma entrevista na mídia eletrônica e impressa, nas apresentações, representações, aparições públicas e informais. Por várias vezes já afirmei em minhas palestras que a primeira coisa que um político inteligente deve fazer é contratar um bom assessor de imprensa.

A chave do sucesso no marketing político é conhecer as pessoas que podem fazer diferença no seu futuro político/eleitoral.

É importante entender que o que muda radicalmente em um mandato no qual o marketing é aplicado são os objetivos. Nele, o que interessa não é o que o político pensa, ou o que ele faz e de que se orgulha. O que importa realmente é o que o cidadão considera bom para ele.

O bom mandato é aquele que satisfaz plenamente o cidadão/eleitor, e isso só acontece quando sabemos o que ele quer e de que precisa.

Se você entender a importância dos itens colocados anteriormente, então teremos um político com cabeça para o marketing. Você auxiliará o profissional encarregado de seu marketing político.

O marketing político deve ser visto como um meio pelo qual o político promove o bem-estar e o desenvolvimento de seus eleitores e não como um meio de ludibriá-los.

Vamos fazer um exercício de autoavaliação, para que você possa medir o grau de adoção do marketing político em sua carreira. Responda às questões a seguir com sim ou não.

1 – Você faz, periodicamente, pesquisas e estudos para estimar o grau de aceitação de suas ações sociais e políticas e para conhecer sua imagem pública?

( ) **SIM** ( ) **NÃO**

2 – As ações que você implementou foram elaboradas para atender a uma demanda da população?

( ) **SIM** ( ) **NÃO**

3 – Você utiliza as técnicas de marketing direto (telemarketing, mala-direta etc.)?

( ) **SIM** ( ) **NÃO**

4 – Você visita com frequência seus eleitores ou os setores que o elegeram?

( ) **SIM** ( ) **NÃO**

5 – Você não visita seus eleitores e apenas atende às reivindicações que aparecem em seu gabinete?
( ) SIM   ( ) NÃO

6 – O seu assessor de imprensa ou secretário de comunicação é um especialista na área?
( ) SIM   ( ) NÃO

7 – A comunicação com seu eleitorado ou a população é feita sistematicamente de acordo com as modernas técnicas publicitárias e promocionais?
( ) SIM   ( ) NÃO

8 – A escolha dos canais de comunicação está em consonância com as obras e atividades políticas praticadas por você?
( ) SIM   ( ) NÃO

9 – As estratégias e táticas estão condensadas em um plano anual de marketing?
( ) SIM   ( ) NÃO

RESULTADO

Cada resposta "não" anula uma resposta "sim". Ter menos de quatro respostas "sim" significa que o conceito de marketing político empregado na sua gestão ainda é pobre. Contrate urgentemente um profissional da área.

Como nos ensinou Maquiavel, política é sobretudo a arte de conquistar, dominar e manter o poder político.

Capítulo 2

O PAIOL

QUEM NÃO LANÇA OS ALICERCES PRIMEIRO COM UMA VIRTUDE PODERÁ
ESTABELECÊ-LOS DEPOIS, EMBORA ISSO REPRESENTE UM GRANDE
ESFORÇO PARA O CONSTRUTOR E PERIGO PARA O EDIFÍCIO.

O Príncipe – NICOLAU MAQUIAVEL

Se vamos começar um planejamento, primeiro temos de agir como os melhores estrategistas militares, saber de que necessitamos para o combate, mapear os aliados e concorrentes no território a ser conquistado e organizar todas essas informações.

Os primeiros homens de marketing chamaram essa fase de *factbook* ou livro de fatos.

Em nosso planejamento, essa fase poderá ser formatada como um livro, um fichário, caderno ou mais modernamente no computador, construindo um banco de dados, de forma que se consiga um conjunto de documentos organizados de maneira lógica e clara, com as informações importantes sobre os fatores internos e externos do mandato que poderão influenciar nossas decisões estratégicas de marketing.

Independentemente de qual seja o cargo ocupado pelo candidato eleito, na área executiva ou legislativa, existirão informações iniciais extraídas de sua campanha eleitoral.

Entre essas informações podemos incluir o número de eleitores, os locais onde obtivemos maior número de votos, os aliados que foram bem votados e "puxaram" nossos votos, todos os dados possíveis das lideranças (nome, endereço, telefone, data de nascimento, quantidade de filhos, nome da esposa, ligação com alguma entidade, endereço eletrônico etc.), quem são os aliados políticos (vereadores, deputados, prefeitos, senadores), quem são os representantes das mídias nos locais de interesse, as mídias estaduais, as nacionais etc.

Para o mandato, teremos de segmentar as informações pelos setores que, no organograma do gabinete, forem delineados. Por exemplo: em um gabinete de deputado, teremos obrigatoriamente assessores de imprensa, de mobilização partidária e eventos e um chefe de gabinete.

Para a assessoria de imprensa, é fundamental mapear as mídias existentes no território a ser trabalhado, conhecer os redatores-chefes, os redatores e repórteres especializados em política, os donos desses veículos de comunicação, suas ligações políticas, sua tendência partidária, a frequência, a tiragem e a abrangência de suas publicações, e toda a informação possível para delinear o nosso mapa.

O assessor de mobilização partidária e eventos precisa mapear todos os poderes políticos (vereadores, prefeitos, deputados, lideranças partidárias do seu partido e da oposição), lideranças comunitárias, formadores de opinião, recursos para eventos existentes no território e próximos a ele etc.

Se, por exemplo, um deputado pertencer ao mesmo partido do governador, o assessor desse deputado deverá ter acesso à agenda do governo, ter informações sobre obras e eventos da região para fazer um trabalho conjunto, além de conhecer a agenda dos secretários estaduais que atuarão em seu segmento eleitoral. Um vereador deve trabalhar em conjunto com o prefeito e os secretários, e um deputado federal precisa atuar com o presidente e os ministros.

As informações têm de ser precisas, atuais e as mais completas possível, lembrando que isso não pode ser empecilho para o início dos trabalhos. A melhor informação é aquela a que temos acesso.

O mais importante de tudo isso é que a equipe tem de trabalhar como equipe, e embora isso pareça ser de fácil compreensão é de difícil aplicação.

Os melindres, o ego, a importância que se dá ao trabalho político resultam, na maioria das vezes, em assessores personalistas e individualistas. Esse é um mal que temos de combater pela raiz.

Na formação da equipe é necessário que sejamos enérgicos no que tange à uniformidade das ações do grupo e no compartilhamento das informações geradas pelo trabalho das assessorias.

Essa formação deve primar pela qualidade e não pela quantidade: de nada adianta formar uma grande equipe com pessoas sem qualificação ou que nunca tiveram ocupação definida. A equipe deve espelhar o político para evitar a comparação: "Se o time é assim, imagine o político". A distribuição de cargos e encargos deve ser criteriosa, levando-se em consideração a competência e a formação profissional de cada assessor. Uma equipe malformada, desestruturada ou desmotivada é o caminho certo para o fracasso de qualquer tentativa de trabalho. O envolvimento da equipe deve ser coletivo, um time no qual todos vestem uma só camisa – a camisa do político. Isso é fundamental para o sucesso de qualquer trabalho pós-eleitoral.

Com as informações organizadas e disponíveis, passamos para a segunda fase, que é a da organização dos profissionais.

Como em qualquer atividade, a organização é indispensável para um trabalho de marketing pós-eleitoral.

Por mais boa vontade e dedicação que se possam esperar do grupo que desenvolverá esse trabalho, nada justifica a ausência de organização. É ela que vai estabelecer o fluxo de informações e comando, fornecendo diretrizes para que se tenha uma estrutura ágil e disponível, capaz de controlar e acumular maior volume de informações, levando assim a estratégias que nos conduzam ao bom desempenho de nosso trabalho.

É de suma importância a elaboração de um organograma, estabelecendo funções e colocando, em cada setor, pessoal competente, que tenha ciência de quais são suas responsabilidades e obrigações.

Cabe ao político conhecer todos os assessores e suas funções, para que possa saber com exatidão como conduzir as demandas, criando perante a comunidade uma imagem de organização e eficiência capaz de originar o encaminhamento correto dessas demandas aos setores definidos.

Seja no legislativo ou no executivo, essa equipe terá de conhecer o desenvolvimento do trabalho de cada membro do grupo. Por exemplo, em uma prefeitura, os secretários deverão saber o que será desenvolvido na sua e nas outras secretarias municipais, da mesma forma que o cerimonial deve saber o que a agenda está programando que terá de ser repassado para a assessoria de imprensa, a qual deve comunicar ao departamento de propaganda, que irá acionar o departamento de eventos.

Já prestei consultoria a diversas prefeituras nas quais o principal problema era o fluxo de informações entre os departamentos. Só é possível obter eficiência nas atividades de marketing e comunicação se a equipe "puxar a corda para o mesmo lado", ou seja, trabalhar em uníssono e com forças concentradas.

O passo seguinte será estabelecer um cronograma mínimo de trabalho e de metas. Aonde pretendemos chegar? Como queremos e podemos formar nossa imagem pública? Onde manter e onde ampliar nosso trabalho (seja social ou geográfico)? No próximo capítulo abordaremos as pesquisas, que poderão ajudar, e bastante, nessas respostas.

Organize seu *staff*, e terá dado o primeiro passo para a eficiência do trabalho.

Já que chamamos este capítulo de "O paiol", não podemos nos esquecer de citar as cinco leis estabelecidas por um grande pesquisador francês, Jean-Marie Domenach, em seu livro A *propaganda política* (Difusão Europeia do Livro, 1960). Ele trata dos seguintes tópicos:

1°) Lei da Simplificação e do Inimigo Único

A comunicação deve sempre buscar a simplificação da mensagem a ser transmitida. Devemos identificar os pontos principais e reduzi-los a uma forma clara e objetiva, trabalhando apenas esses tópicos.

Devemos elaborar um símbolo e um *slogan* que contenham a ideia e o sentimento principal, por exemplo: "I love New York". Melhor ainda seria uma transformação do símbolo utilizado durante a campanha (já que a lei proíbe o uso do mesmo símbolo da campanha na administração).

A individualização do adversário ou obstáculo que atrapalha a execução dos projetos do governo oferece inúmeras vantagens. Devemos sempre definir o inimigo como uma pessoa, pois isso facilita a identificação para o público que prefere adversário visível a forças ocultas.

O objetivo é mostrar que o nosso inimigo não é, por exemplo, todo um partido, mas apenas o seu líder.

2º) LEI DE AMPLIAÇÃO E DESFIGURAÇÃO

O processo de ampliação das notícias deve ser utilizado na divulgação dos acontecimentos, ou seja, tomamos um fato corriqueiro e atribuímos a ele maior importância e abrangência.

Quando destacamos ou extraímos uma frase sem considerarmos o seu contexto, ou então tomamos uma declaração e invertemos seu sentido, por meio de recursos gramaticais, estamos utilizando a desfiguração. Um bom exemplo disso é a célebre frase do candidato Paulo Maluf: "Estupra mas não mata".

Os dois processos são muito interessantes e lucrativos, mas devem ser utilizados com o máximo cuidado, pois o feitiço pode voltar-se contra o feiticeiro, o que seria catastrófico.

3º) LEI DA ORQUESTRAÇÃO

O sucesso da comunicação está na repetição constante dos temas principais, pois o grande público só consegue perceber uma mensagem, por mais simples que seja, se ela for repetida centenas de vezes.

Para obtermos eficiência na repetição, o tema deve ser apresentado com roupagens diferenciadas. Caso contrário, levaremos o público ao tédio, com consequente desinteresse.

A mensagem deverá ser adaptada aos diversos públicos, principalmente no tom e na argumentação. Um governante deverá, diante dos antigos companheiros, evocar o heroísmo das lutas passadas; diante dos camponeses, falar da felicidade familiar; diante das mulheres, discorrer sobre seus direitos conquistados.

Um bom exemplo de orquestração está numa obra sinfônica do compositor Maurice Ravel, "Bolero", na qual apenas uma sentença musical é usada para criar uma peça completa com aproximadamente quinze minutos de duração, variando apenas a tonalidade e os instrumentos que a repetem.

4°) Lei da Transfusão

Domenach já dizia: "Princípio conhecido por todo orador público é o de que não se deve contradizer frontalmente uma multidão, mas, de início, declarar-se de acordo com ela, acompanhando-a antes de moldá-la ao escopo visado" (*A propaganda política*, Difusão Europeia do Livro, 1960).

Para realizarmos uma boa comunicação, devemos considerar que a população já possui uma imagem preconcebida a respeito de todos os assuntos. Assim, poderemos nos beneficiar de uma verdadeira "transfusão" da imagem primária para nossos objetivos.

5°) Lei da Unanimidade e do Contágio

O estudo psicológico moderno sobre comportamento de grupos sociais nos tem mostrado que a maioria das pessoas tende a "harmonizar-se" com seus semelhantes, e raramente ousa perturbar a concordância reinante no ambiente, com ideias contrárias ao "consenso".

Verificamos que muitas opiniões da sociedade moderna não passam de uma soma de conformismos que se mantêm, pois o indivíduo tem a impressão de compartilhar sua opinião com toda a comunidade.

Cabe então à comunicação reforçar essa unanimidade ou mesmo criá-la artificialmente, por meio de recursos que estão à sua inteira disposição.

Ao observarmos os grandes bandos e manadas no reino animal, extraímos uma lei muito importante para a comunicação, a do contágio: por exemplo, o animal agregado a um rebanho é muito mais sensível à reação de seus companheiros mais próximos do que a estímulos externos.

Alguns poderão ficar revoltados com essa afirmação, mas tenho certeza de que todos que já acompanharam os desfiles de trios elétricos em Salvador compreendem bem esse processo.

Essa visão não é útil apenas na análise das multidões; devemos transportá-la para o campo das ideias, isto é, em vez de utilizarmos movimentos físicos para provocarmos mudanças de rumo, faremos uso de "movimentos intelectuais" com o mesmo objetivo.

Além dessas cinco leis, devemo-nos lembrar sempre de que a comunicação não se efetiva no momento em que expressamos nossos pensamentos, mas sim quando as informações são decodificadas e armazenadas na mente de nossos interlocutores, ou seja:

> Comunicação não é aquilo que falamos, mas sim o que é entendido por nosso interlocutor.

Capítulo 3

As pesquisas e o marketing político permanente

> Um príncipe inteligente nunca permanece ocioso em tempos de paz, mas com habilidade procura formar cabedal para poder utilizá-lo na adversidade, a fim de que, quando mudar a fortuna, se encontre preparado para resistir.
>
> O *Príncipe* – Nicolau Maquiavel

A cada dia que passa, fica mais evidente que o marketing político, ou marketing permanente, se torna um instrumento indispensável para qualquer político, governo ou instituição. Agir em sintonia com o que os cidadãos pensam e querem é fundamental para o sucesso. E a realização de pesquisas regulares nesse processo de sintonia fina entre governo e sociedade é fundamental para que o marketing pós-eleitoral funcione.

Não podemos nem devemos desprezar o *feeling* pessoal, mas a pesquisa científica existe para balizar todas as decisões. É um elemento que norteia as ações, oferecendo o perfil da comunidade, determinando qual a mensagem a ser transmitida.

A pesquisa de opinião pública suscita, em geral, grande interesse e emoção por parte do público porque trata de assuntos atuais, mede atitudes e opiniões das pessoas sobre temas políticos e sociais e devolve à população, de modo sistematizado, a informação que ela própria prestou.

As pesquisas são, cada vez mais, parte integrante do mundo moderno.

Nenhuma empresa se aventura no mercado atual sem fazer pesquisas sobre o potencial de seu produto. Nenhum político pensa em aplicar marketing sem saber o que pensam seus eleitores.

Com o exercício da democracia, as pesquisas de opinião pública começaram a ser mais conhecidas pelo grande público. Sua aplicação constante mostrou que qualquer estratégia, planejamento e ação política depende da realização de pesquisa, tornando-a a principal ferramenta desse processo.

A pesquisa é um diagnóstico e não um prognóstico. Ela mede o momento, a reação da comunidade em face da situação atual. A pesquisa não diz o que fazer para modificar essa situação, mas pela leitura, interpretação e tabulação de dados podemos visualizar um caminho a ser percorrido.

Portanto, podemos considerar a pesquisa não apenas um termômetro da situação, mas também um meio pelo qual o povo pode expressar isentamente seus anseios, suas demandas, seus desejos, suas frustrações e expectativas. A pesquisa indica ainda o grau de aceitação ou rejeição de um político e de suas ações entre a população.

O sucesso de uma pesquisa, política ou não, está diretamente ligado à confiança que deve existir no teor da informação. Essa credibilidade deverá existir não só no ato de coleta dos dados, mas também na forma como estes são coletados e pela maneira como são tratados.

Na maioria das vezes, as pesquisas políticas são simples coletas de dados que levam a termo apenas o que o entrevistado diz, sem, no entanto, analisar a convicção dele diante do que afirma.

Somente uma análise empregando técnicas estatísticas multivariadas, levando em consideração o grau de satisfação do cidadão com o desempenho dos políticos nas ações sociais, poderia conduzir a um retrato de maior confiabilidade.

Para o marketing político, o aspecto mais importante da pesquisa é o fato de ela poder ser um meio de ouvir o povo. Em geral, o político acredita que foi capaz de comunicar-se com determinados segmentos da sociedade. Entretanto, ele pode estar equivocado, pois estas camadas podem não ser representativas de toda a comunidade.

A pesquisa possui a virtude de representar bem a sociedade se ouvir classes, faixas etárias e níveis diferentes de pessoas, podendo, dessa forma, ser o mais isenta possível e ouvir as mais diversas opiniões, o que seria impossível no contato direto apenas com um grupo de pessoas.

Por meio da pesquisa, o candidato conversa com o público e com aqueles segmentos representativos da sociedade, sem com isso defender o interesse particular de um só segmento.

Lembramos ainda que, em política, os acontecimentos são transitórios, mudando com rapidez. Consequentemente, um fato ocorrido às vésperas da eleição pode ocasionar inversões de resultados significativas.

Existe também a complexidade do elemento com que estamos trabalhando, o político, o qual, por ser humano e integrante de uma sociedade, é dinâmico e não estável.

Uma das dúvidas que normalmente assolam os envolvidos no processo político é se se deve ou não fazer pesquisa logo após a eleição.

Normalmente eu recomendo aos meus clientes que façam essa pesquisa, principalmente se o candidato foi eleito, pois poderemos entender as razões da vitória, os sentimentos e as expectativas dos eleitores, a reação da população a seus discursos e suas ações, a imagem que sedimentou após a vitória, a receptividade aos nomes que normalmente se cogitam para compor o seu governo ou gabinete, as prioridades que o eleitor vislumbra em seu governo ou mandato. Além de nortear os primeiros passos, servindo como referência para o começo das avaliações de seu mandato, essa pesquisa inicial poderá ser comparada com as pesquisas futuras.

A pesquisa não é estática, pelo contrário, é bastante dinâmica e estará sempre sob a vigilância do político e de sua equipe, determinando as estratégias e ajudando o político a reverter situações, de acordo com os conceitos partidários e da linha política adotada por sua assessoria. Ela vai se traduzir em ações de marketing político, indicando os caminhos a seguir. A pesquisa não determinará taxativamente o que o político terá de fazer, mas será um claro indicativo.

As pesquisas valem-se de técnicas variadas (quantitativas e qualitativas) e podem aferir uma boa imagem ao político, desde que suas

34 – CARLOS AUGUSTO MANHANELLI

equipes consigam extrair a correta interpretação dos indicativos. Ao mesmo tempo, sua interpretação incorreta poderá não reverter em benefícios ao político.

Deve-se efetuar um programa que contemple as pesquisas qualitativas e quantitativas e temporalmente entre a eleição e a posse, evitando-se o avizinhamento das datas.

Vamos dissertar um pouco sobre as pesquisas qualitativas e quantitativas. As qualitativas são as prospecções efetuadas com grupos de discussão segmentados que fornecerão informações mais detalhadas e nos darão maior conhecimento dos assuntos a ser pesquisados. A metodologia qualitativa permite aos indivíduos expor suas reações *menos racionalizadas, mais emocionais, livremente, sem direcionamento* nenhum.

O papel do pesquisador é fornecer o mínimo material para *estimular a reflexão e a discussão* dos temas pesquisados.

Não há preocupação de saber o "tamanho" dos fenômenos, mas sua força na discussão.

Já as pesquisas quantitativas buscam saber o "tamanho" de alguma tendência da opinião pública, além de medir o nível de relação entre opiniões e a relação destas com as características de cada eleitor (*correlação*).

Não permitem exploração aprofundada de razões subjetivas para determinadas reações, mas são usadas para *testar hipóteses* previamente formuladas pelo pesquisador/cliente. Um dos campos em que a pesquisa mais se desenvolveu foi a detecção do desempenho do executivo, que interessa aos meios de comunicação, os quais normalmente publicam alguns dados que ajudam a avaliar a *performance* de determinadas administrações ou gestões políticas. Dessa maneira, prefeitos, governadores e presidentes da República têm à sua disposição um mapeamento da imagem de seu governo no qual os cidadãos avaliam os governos em cinco categorias (ótimo, bom, regular, ruim ou péssimo). Com base nessa avaliação é possível determinar o rumo de uma gestão, se ela está melhorando ou piorando e quais as iniciativas que têm impacto positivo ou negativo.

Às diversas secretarias, assessorias e departamentos cabe a sintonia afinada entre si e balizada pela pesquisa de campo. As ações administrativas internas e externas devem ser norteadas por esses indicativos, inclusive, possibilitando uma otimização de verbas existentes no orçamento.

A frequência da realização das pesquisas, no caso das aferições políticas/administrativas, será naturalmente maior nos grandes centros do que em localidades menores; no entanto, será, da mesma forma, indispensável.

Outro aspecto da pesquisa refere-se à resposta dada pelo político às questões levantadas pelos membros da comunidade. Toda administração poderá e deverá contratar uma agência de propaganda que conduza as inserções no veículo apropriado, seja ele rádio, televisão ou imprensa escrita, e servirá, nesse contexto, para orientar a comunicação entre o político e sua comunidade.

Como acontece na propaganda comercial que vemos diariamente na mídia, que também é balizada pela pesquisa, a propaganda política, sem o apoio técnico das pesquisas, pode (e na maioria das vezes isso acontece) interpretar erroneamente as necessidades de determinadas comunidades.

Pesquisas, tal como a propaganda, são ferramentas do marketing, e foram elas que deram a mais valiosa contribuição para que, no Brasil, fosse possível melhorar as administrações públicas.

As pesquisas tornam a democracia mais participativa na medida em que a vontade do cidadão é identificada e pode influir nas decisões de um governo ou de um político.

O bom político é aquele que procura saber, a todo momento, o que seus eleitores pensam, o que querem e do que precisam. Reconhecer prioridades é saber ordenar e executar a vontade popular, e são as pesquisas – qualitativas e quantitativas – as responsáveis pelas diretrizes de um plano político. Elas promovem uma maior interação entre povo e políticos e seu uso, fora do período eleitoral, permite aos políticos começar suas campanhas desde o momento da posse. Como consequência, aumentam as chances de sucesso nas futuras campanhas eleitorais.

Diante da importância das pesquisas, é imprescindível que os políticos escolham institutos de pesquisa idôneos, bem como pessoas isentas para a realização dessa tarefa, da mesma forma que a equipe de campanha deverá ser o mais isenta possível na análise e interpretação dos dados recolhidos e, assim, determinar a estratégia adequada para aquele momento.

Os indicativos do perfil do político e de seus adversários, além dos anseios e das demandas que a população determinou na pesquisa, poderão ser utilizados pelo político para definir suas ações desde o primeiro momento do mandato.

As pesquisas durante a gestão política indicam um *flash* do momento e/ou situação do político diante de seu público e, por isso, ele deverá estar atento às mudanças que ocorrerão no eleitorado, podendo flagrar uma tendência logo de início, seja a seu favor ou em prol de seu adversário, e, com base nessa identificação, traçar uma estratégia em benefício próprio.

Quando as pesquisas indicam uma queda nos índices de aceitação, frequentemente os políticos culpam as pesquisas e até mesmo tentam *descredenciar* os institutos de pesquisa, atribuindo-lhes faculdades mentirosas. Historicamente se fala mal da pesquisa caso ela seja favorável ao adversário, ou desqualifique as ações político-administrativas impetradas pelos políticos; no entanto, ela é enaltecida caso ocorra o contrário.

Nesses casos, vale lembrar que a característica principal da pesquisa, do instituto encarregado pela sua realização e do pessoal que a executa é a isenção. Existe a preocupação de que as amostras sejam sorteadas e de que o pesquisador não induza o entrevistado. O mais importante para o político e sua equipe é saber analisar os momentos de baixa nos índices, determinar ações e ter uma equipe que reconheça a validade do meio e proponha atitudes que possam reverter o quadro.

Uma gestão política, seja ela no executivo ou no legislativo, que pretende ser reconhecida pelo trabalho desenvolvido, deve, além de conhecer e resolver os problemas que afligem o cidadão, principalmente, saber como dizer o que fez.

Repetindo uma velha história: o ovo da galinha é sucesso na culinária porque a galinha, quando bota, cacareja, diferentemente da pata, que bota em silêncio.

Assim, será absolutamente necessária a possibilidade que o político tem de anunciar tudo que faz, mas isso será discutido no Capítulo 5, "A propaganda política".

Novamente muito "blablablá" e pouca ação. Então vamos à prática.

O que vale a pena perguntar em uma pesquisa para gestão política? Uma boa pesquisa de opinião política aborda os seguintes temas:

- imagem institucional e de governo;
- avaliação de desempenho (se executivo, do governo e das secretarias);
- confiança e credibilidade em comparação com outras instituições da sociedade civil;
- perfil da imagem pessoal do político e da imagem das lideranças da comunidade comparado ao perfil do político ideal;
- pré-teste e avaliação de efeito de mensagens institucionais;
- pesquisa rápida de opinião pública sobre acontecimentos relevantes, como greves, denúncia, crises etc.;
- avaliação das políticas públicas e sociais;
- levantamento dos principais problemas e das demandas da população;
- avaliação detalhada dos problemas específicos de cada segmento da administração, do ponto de vista da população;
- pré-teste e avaliação posterior da posição da população sobre programas, projetos e medidas já implantados;
- aferição da eficiência e da satisfação com serviços públicos e sugestões para sua melhoria;
- aferição do recebimento da divulgação e atendimento das mensagens de cunho social.

O político que se dispõe a fazer pesquisa com regularidade, além de melhorar sua gestão e, portanto, aumentar seu prestígio popular, também passa a dispor de um conjunto de dados indispensável à elaboração de estratégias eleitorais. Pesquisas bem analisadas mostram o caminho da eleição subsequente, quem é quem no processo sucessório. Por esse motivo, é fundamental, também, a preocupação com o marketing de curto, médio e longo prazo.

As pesquisas são importantíssimas nesse processo. Entre outras coisas, devemo-nos preocupar em aferir:

- ◆ estratégias eleitorais de curto, médio e longo prazo;
- ◆ captação da imagem, confiança e credibilidade das principais lideranças comunitárias;
- ◆ acompanhamento da atuação de dirigentes de secretarias e de outros órgãos da administração e identificação do surgimento de novas lideranças;
- ◆ pré-teste de imagem dos possíveis candidatos à sucessão, antes da escolha final;
- ◆ banco de dados com eleições anteriores, para mapeamento da força eleitoral das lideranças locais.

Na política moderna, em que a comunicação vale seu peso em ouro, as pesquisas são indispensáveis para quem quer ter sucesso. São muito importantes o planejamento cuidadoso das necessidades de informação e uma análise competente, que consiga extrair todos os dados que os mais diferentes cruzamentos e tabulações possam proporcionar.

A pesquisa, aferindo e apontando caminho; o marketing, planejando e executando, são mecanismos poderosos para transformar a realidade, acentuar tendências e consolidar imagens.

Alguns conselhos sobre pesquisas:

– O cliente deve exigir do pesquisador todo o potencial explicativo, preditivo e sistematizador que as pesquisas podem ter, especialmente se bem planejadas e executadas. Nossa experiência é de que o político que começa a tomar decisões com base em pesquisas nunca mais prescinde delas e cada vez torna-se um usuário melhor.

– Cuidado com as interpretações do cliente, principalmente nas pesquisas qualitativas!

– As pesquisas podem não ser seguras para campanha eleitoral com votos proporcionais (eleição de deputados e vereadores). Nesse caso, se limitarmos bem a base eleitoral, com um *tracking* podemos estimar o *ranking* naquele eleitorado. É necessário ter dados estaduais para fazer cálculos com quociente eleitoral, por partidos, e usar os conceitos de segmentação do eleitorado, públicos-alvo, nichos do eleitorado.

As pesquisas mais úteis são:

◆ qualitativas para adequação de discurso e de imagem perante o eleitorado-alvo;
◆ database ou telemarketing com eleitorado-alvo;
◆ quantitativas em regiões limitadas, comparando popularidade com outros candidatos da região e de fora;
◆ as que usam o Sistema de Informações Georreferenciadas (GIS, em inglês).

Capítulo 4

A assessoria de imprensa

> Por isso, o príncipe prudente procurará os meios pelos
> quais seus súditos necessitem sempre de seu governo,
> em todas as circunstâncias possíveis, e fará
> assim com que eles lhe sejam sempre fiéis.
> *O Príncipe* – Nicolau Maquiavel

Repito aqui o que já disse nos capítulos anteriores: qualquer político com o mínimo de inteligência e sabedoria, antes de contratar qualquer "aspone", contrata em primeira mão um assessor de imprensa.

Um simples jornalista não é necessariamente um bom assessor de imprensa, mas um bom assessor de imprensa é necessariamente um jornalista.

Essa função exige trabalho obstinado, inteligência, astúcia, humildade, personalidade e, principalmente, perseverança.

Por mais que o político faça, se ele não comunicar a imprensa, ele nada fez, principalmente no cargo executivo, em que as ações tendem a ser notadas apenas nos segmentos beneficiados, não repercutindo em toda a comunidade.

O papel do assessor de imprensa é duplo: esclarecer a imprensa sobre o político e o político sobre a imprensa.

Faz parte do papel do assessor defender o que conhece, e, com certeza, ele conhece o político para quem trabalha. Cabe, portanto, ao assessor levar ao conhecimento da imprensa quem é esse político, o que faz, o que pensa, que ações pretende levar a efeito, quais as suas posições sobre os problemas nos âmbitos municipal, estadual e nacio-

42 – CARLOS AUGUSTO MANHANELLI

nal e, em ocasiões propícias, até posicionar o político em relação a temas internacionais.

O assessor também precisa esclarecer o político sobre a imprensa, pois ele precisa saber como funciona uma redação de jornal ou o departamento de jornalismo de uma rádio ou tevê. Os políticos de modo geral não sabem como a mídia funciona. Eles apenas sabem que é importante obter espaço e querem aparecer. Erram quando mandam apenas *releases* tendenciosos, exagerados e insistem demais em futilidades. Não mandam pré-pauta, não sabem sugerir uma notícia e são mal assessorados: quando não contratam um assessor que não é profissional, colocam um que é, mas não tem personalidade. Esse assessor acaba desagradando aos seus colegas de imprensa.

Como o assessor de imprensa faz a interface entre o político e a imprensa, ele deve ser altamente diplomático: mesmo em caso de desinteligência entre as partes, ele deve manter desobstruídos os canais – ao menos para si – para que seja possível, na ocasião adequada, restabelecer o contato.

Quando falamos de personalidade, referimo-nos essencialmente ao parágrafo anterior. Essa postura profissional deve prevalecer sempre.

Um dos grandes erros no nosso país é a cultura do "faz-tudo". Muitos assessores de imprensa acumulam as funções de imprensa, propaganda e marketing, e muitas agências de propaganda que atendem políticos acumulam as tarefas de imprensa e marketing. Então ficam dando desculpas quando nem uma coisa nem outra funciona.

A maioria dos assessores de imprensa trabalha com *press-release*, que geralmente vai para a lata de lixo da redação. Em pequenas cidades, o *press-release* ainda funciona mais ou menos. Um bom assessor, antes de conseguir cobertura para os fatos, verifica se o que vai ser noticiado tem de fato "gancho" jornalístico. Em vez de ficar distribuindo notas que ninguém utiliza, ele deve propor ações concretas, como uma denúncia verdadeira, uma reunião importante, um seminário, uma visita de conciliação, alguma coisa que realmente possa ser transformada em notícia.

Nestes tantos anos de militância na área aprendi que é preciso dizer a verdade para a imprensa. O maior capital do assessor de imprensa de um político, principalmente em nossos dias, é sua credibilidade. Desmentidos, normalmente não surtem efeito.

Um assessor de imprensa deve ser visto pelos editores e repórteres especializados como fonte fidedigna e capaz de respeitar a inteligência dos outros, a ética profissional, e de conciliar os interesses do candidato com os dos veículos e seus jornalistas.

Além de redigir e administrar os textos e as pré-pautas da comunicação política, o profissional da área deve procurar manter abertos todos os canais de comunicação, realizando um verdadeiro trabalho de relações públicas permanente com os jornalistas, sempre pronto a prestar informações e dar declarações sem jamais falseá-las, podendo, quando muito, omiti-las.

Um político só vai destacar-se entre seus pares quando der o devido valor à comunicação. Cada espaço obtido na imprensa tem um valor inestimável, pois abre caminho direto até o seu eleitor. Fazer repercutir tudo que sai na imprensa entre seus correligionários, simpatizantes e eleitores é o que fortalece ou dignifica a imagem política criada.

Normalmente o político acredita que o espaço conquistado na mídia é gratuito, mas essa crença não é correta. Na minha concepção o espaço na imprensa não é gratuito, é arduamente conquistado, e essa conquista tem de ser muito bem planejada para que corrobore com o objetivo estratégico traçado para o mandato. É preciso empreender uma ação de comunicação que leve em consideração a imagem que se pretende transmitir, a tática para consolidar e manter essa imagem, para só então iniciar a criação de fatos que levem ao que denominamos "mídia conquistada".

Jornalistas buscam notícias interessantes. O assessor de imprensa que for capaz de fornecê-las, que conhecer a fundo como funciona cada veículo, que souber respeitar datas e horários de fechamento de pauta conquistará mais espaço nos meios de comunicação de sua comunidade e conseguirá valorizar seu trabalho, aumentando sua projeção.

Quanto mais elevada for a pretensão política, tanto maior será a necessidade de uma boa assessoria de imprensa. O político não deve se iludir: ninguém é autossuficiente ou capaz de cuidar sozinho de todos os pormenores. Uma assessoria de imprensa eficaz é, com certeza, um dos elementos decisivos para o futuro de qualquer carreira política.

Adaptando os objetivos e produtos da área empresarial, detalhados por Gaudêncio Torquato em seu *Tratado de comunicação organizacional e política* (Thomson, 2002), teremos para a assessoria de imprensa política:

OBJETIVOS

- ◆ Assessorar o político, fornecendo a ele análises, interpretações e perfis ambientais, de acordo com a leitura – sempre atualizada – da mídia.
- ◆ Assessorar o político na estruturação, montagem e idealização de textos, entrevistas e artigos para ser distribuídos aos meios de comunicação.
- ◆ Divulgar informações e opiniões de interesse do político para os meios de comunicação internos e externos.
- ◆ Coordenar entrevistas do político para os meios de comunicação.
- ◆ Preparar *papers,* documentos, pronunciamentos por escrito, discursos, palestras e conferências para o político.
- ◆ Assessorar o gabinete sobre interesses, tendências e perfis ideológicos dos meios de comunicação.
- ◆ Atender às demandas jornalísticas dos meios de comunicação.
- ◆ Informar, orientar e explicar as diretrizes, ações estratégicas e posições do político ao meio jornalístico.
- ◆ Promover relações cordiais com os meios de comunicação, seus diretores e editores, e propiciar condições para o bom desempenho das funções jornalísticas.
- ◆ Atender às demandas de leitores expressas em seções de cartas, programas de rádio etc.

PRODUTOS

Assessoria ao político: análises, sugestões e ideias oferecidas pela área de imprensa ao político, a respeito de matérias da atualidade, postura e posicionamento do mandato em relação aos meios de comunicação, interpretação sobre abordagens e angulações rotineiras da imprensa e indicações sobre fatos, pessoas e instituições de interesse da entidade.

Contatos com a imprensa: articulação e contatos periódicos com jornalistas, editores e repórteres para estabelecimento de um clima de cordialidade e troca de pontos de vista sobre matérias da atualidade.

Releases: textos informativos para a imprensa, produzidos apenas quando se justificarem e com perfil de pré-pauta.

Informes oficiais e comunicados: textos sintéticos, informativos ou opinativos com posição oficial do mandato, podendo assumir, eventualmente, o caráter de edital ou anúncio pago.

Papers: textos encomendados pelo político sobre a posição e a imagem do mandato e aspectos relacionados com o ambiente externo.

Entrevistas: declarações dadas pelo político aos veículos de comunicação. Classificam-se em **informativas**, quando o objetivo é indicar um dado novo ou fornecer informações sobre fatos da atualidade jornalística; em **opinativas**, quando o objetivo é posicionar o político ou o mandato a respeito de questões e temas de natureza polêmica; em **esclarecimento**, quando a proposta é analisar situações e fatos que provoquem dúvidas e interpretações diferenciadas.

As entrevistas deverão ser realizadas com o acompanhamento do assessor ou consultor de comunicação e com o conhecimento prévio dos entrevistados.

Artigos e análises escritas: textos opinativos, com defesa de pontos de vista, em atendimento a demandas específicas dos meios de comunicação ou quando for de conveniência do político, diante de circunstâncias e questões que mereçam esclarecimentos e posicionamento oficial do político ou do mandato. Esses artigos devem estar obrigatoriamente no site oficial do político, convocando os correligionários a tomar conhecimento deles e disseminá-los na comunidade.

Baseado em palestra proferida pelo competente Carlos Brickmann, resumiremos a assessoria de imprensa dizendo que o papel do assessor de imprensa é duplo: esclarecer a imprensa sobre o político e o político sobre a imprensa.

Cabe ao assessor, muitas vezes, a função de porta-voz, mas deve ficar bem claro que as opiniões que emite não são suas, mas do político. Assessor de imprensa não perde a calma; não briga, a não ser em último caso; não agride. Em seu papel de interface, só funciona se puder conversar com os dois lados.

Assessor de imprensa não é obrigatoriamente seguidor político. Até pode ser, o que será bem-visto, mas nesse caso não pode deixar que isso interfira em sua frieza profissional. Credibilidade é razão e não emoção. Ele deve ser capaz de analisar com toda tranquilidade mesmo a mais tensa das situações; saber quando o político está errado; tentar ajustar seu foco, de maneira a comportar-se corretamente.

Assessor de imprensa não pode confundir-se com "puxa-saco". É pago para dizer a verdade ao assessorado. Não é preciso colocar no jornal que seu patrão é uma besta, mas deve dizer a verdade para ele, embora não nesses termos ou com essas palavras.

Assessor de imprensa só mente uma vez. Na segunda, ninguém mais acredita nele.

Imprensa, na verdade, é o mundo; é o espelho do que acontece na vida real. Portanto, é bobagem imaginar que o assessor de imprensa só cuida de *leads* e intertítulos. Assessor de imprensa é sempre um cargo político. E a visão política é tão importante quanto a visão profissional.

Assessor de imprensa competente tem memória, é inteligente, conhece os assuntos sobre os quais está falando. É preciso ter uma equipe capaz de pesquisar e de encontrar fatos que possam ser utilizados em benefício do político.

O bom assessor de imprensa lê, se interessa por assuntos políticos e notícias que possam servir como gancho para seu trabalho na assessoria.

A assessoria de imprensa deve trabalhar entrelaçada com o marketing político, ajustando o foco, para permitir que as notícias sejam transmitidas da maneira mais adequada a cada personalidade.

Para terminar, o assessor de imprensa não é obrigado a conhecer todas as técnicas dos veículos de comunicação, e para que o político não se apresente ignorando essas técnicas é que existem atualmente os cursos de *mídia training,* que oferecem um treinamento capaz de capacitar qualquer político a ter um desempenho pelo menos razoável perante os veículos de comunicação.

CAPÍTULO 5

A PROPAGANDA POLÍTICA

ASSIM COMO O SOM NÃO SE PROPAGA NO VÁCUO, NÃO SE CONSEGUE
FAZER PROPAGANDA DE UMA ADMINISTRAÇÃO INEFICIENTE.
CARLOS AUGUSTO MANHANELLI

Propaganda, arma de convencimento. A propaganda foi um dos passos evolutivos das técnicas de argumentação que mais despertaram interesse e perduram até hoje como forma de comunicação persuasiva.

Ao contrário do que se imagina, a propaganda se propõe menos a vender e mais a criar um clima favorável ao anunciado, de simpatia e adesão, levando naturalmente à facilitação da venda.

Como nossa proposta não é dissecar a propaganda, vamo-nos ater à propaganda política.

Diferentemente da propaganda eleitoral, que apenas trabalha na captação do voto, a propaganda política procura ser mais ampla e global. Sua função é a de formar a maior parte das ideias e convicções dos indivíduos e, com isso, orientar suas opiniões sociais.

A propaganda política é organizada para influenciar a opinião pública. Ela apareceu antes do marketing. Exemplo disso foi o que aconteceu há sessenta anos quando os nazistas criaram um superministério só para fazer propaganda do regime. A propaganda nazista só funcionou pela frequência. Não se pode dizer que as ideias que ela vendia eram boas ou consistentes. Goebbels achava que em propaganda o que contava era repetir. Isso também é importante, mas a verdade é que não existe boa campanha para um mau produto.

Na propaganda política, podemos afirmar que não existe campanha capaz de promover um mau político. Mau no sentido de não se ater às técnicas de marketing pessoal e político. Este é um dos principais trabalhos do marketing político: não adianta anunciar insistentemente um político que não é bom. É necessário melhorar primeiro o político para depois anunciar. Da mesma forma, uma administração que não produz boas obras ou ações sociais não consegue propagar uma imagem positiva. Uma boa propaganda pode encher uma loja de clientes, mas, se as vendedoras chutarem os clientes, nada se vende.

Relatamos a seguir uma história clássica nos cursos de venda e propaganda.

Dia das mães, ele chega cedo à loja, levado pela propaganda vista na tevê no dia anterior e estampando aquela cara de comprador que os vendedores tanto gostam de ver. Havia pouca gente. Inseguro, se aproxima de três vendedoras, buscando ajuda. Uma delas nota sua presença: "Posso ajudar?". Meio sem jeito, pergunta sobre certa marca de perfume que, com muito esforço, acabara de lembrar. A resposta vem murcha, porém definitiva: "Não temos!" Sem perder o fio da conversa, a atendente volta sua atenção novamente às suas colegas.

Sem o desejado apoio para cumprir sua agora mais difícil missão de comprar um presente, ele entra em um processo de dúvida e desespero, chegando até a disparar um olhar para a porta de saída. De repente, como num passe de mágica, surge o rosto simpático de uma loirinha que lhe pergunta: "O senhor gostaria de ver uma novidade que acabou de chegar?"

Feliz, ele acompanha a moça. Em poucos minutos se vê comprando mais do que pretendia. Sai da loja contente, carregando preciosos embrulhos.

Essa é a constatação de que apenas propaganda política não resolve nosso problema, embora seja ela responsável por as pessoas voltarem os olhos e darem atenção ao comportamento do político e ao que ele diz e pensa.

Portanto, a propaganda política como meio de convencimento e persuasão deve ser usada com inteligência e parcimônia.

Observe que falamos de convencimento e persuasão e não de manipulação. Conforme orienta Rodrigo Mendes Ribeiro, em seu livro *Marketing político* (C/Arte, 2002), a manipulação é uma relação de assimetria entre o emissor e o receptor. Para falar em manipulação é preciso que:

1. O manipulador determine o comportamento do manipulado.
2. A solicitação do padrão de comportamento não seja explicitada pelo manipulador, ou seja, a intenção é oculta, invisível ou subliminar.
3. O manipulado, ao adotar o comportamento desejado, não perceba a determinação por parte do manipulador nem a sua intenção, acredite que seu comportamento é livre, autodeterminado, produto de sua própria iniciativa.

Sob esse aspecto, a manipulação é uma espécie de ilusão, um entorpecimento dos sentidos ou da mente, uma falsa aparência.

Já a persuasão, ao contrário da manipulação, não pretende produzir uma ilusão que induza a um condicionamento do indivíduo, que perde, por sua vez, sua liberdade, agindo contra a própria vontade.

A persuasão é uma relação em que:

1. O persuasor busca convencer o persuadido a adotar determinado comportamento.
2. A intenção do persuasor é explícita e aberta, não havendo intenções ocultas ou subliminares.
3. Aquele que é objeto de persuasão não adota um padrão de comportamento desconexo com sua vontade, em função de uma ação indutora do persuasor.
4. O comportamento do persuadido é livre e autodeterminado.

A persuasão procura, dessa forma, o consentimento de bom grado, voluntário, daquele que tenta persuadir. O persuadido é visto, por parte do persuasor, como um sujeito dotado de racionalidade e livre-arbítrio, soberano, portanto, de suas decisões e seus comportamentos.

Na área da propaganda, a propaganda política é a mais sujeita a críticas. Há os que a veem como um mal definitivo, e os que a recebem agradecidos, como se fosse uma dádiva. Quem milita com propaganda política não é diferente de médicos, engenheiros ou advogados. Em cada uma dessas categorias existem os majoritariamente corretos, e a minoria que pratica abortos, derruba edifícios e viadutos, acoberta crimes. Temos também o nosso calcanhar de Aquiles: a propaganda enganosa.

Quantas vezes você já questionou as promessas de campanha eleitoral que não foram cumpridas? Você se lembra daquele candidato que jurou que não mexeria na poupança e depois de eleito a confiscou? Os políticos que compareceram à inauguração e ao lançamento de obras e não concluíram os projetos alardeados? Políticos que se elegem por um partido e assumem por outro? De quem será a culpa dessa propaganda enganosa? Da agência que foi contratada para promover o fato, ou do produto/político que não corresponde ao anunciado?

Quando a agência faz a propaganda consciente da inviabilidade do projeto, ela se torna não só cúmplice, mas culpada por essa propaganda. É como anunciar remédios que curam o câncer, acabam com a calvície ou emagrecem em uma semana, as promessas de livros que mudam sua vida para melhor, bastando um amuleto ou uma cruz de ágata.

A propaganda política deve respeitar as nuanças dos mandatos executivos e legislativos. Cada um tem sua forma e seus canais de comunicação distintos.

No caso do cargo legislativo, devemos usar a propaganda para divulgar as opiniões, as ideias e os ideais do político ou, quando existe alguma ação social de relevância, podemos usar canais de comunicação consagrados, por exemplo: faixas no comércio divulgando a inauguração da obra ou da ação social, com o agradecimento da população ao político por seu empenho etc.

No caso do executivo, a propaganda deve começar já na aprovação do projeto, passando pela placa na obra até a inauguração.

Não se pode nem deve desprezar o que chamamos de propaganda de interesse público, na qual se pode fixar ou aumentar a abrangência da imagem do executivo ou até mesmo, em alguns casos, do legislativo. Campanhas de alfabetização, vacinação, participação, de solidariedade, civismo ou ecologia, de combate à desidratação, à aids etc. terão fatalmente em seu trecho não perceptível, indireto, submerso, a veiculação ou a formação da imagem do político.

A propaganda política apresenta várias formas e tem como objetivo maior fazer que a população aceite as ações sociais.

A aceitação de uma ideia ou prática social envolve algum tipo de mudança no mercado-alvo e este é um dos trabalhos efetuados pelo marketing político.

Dessa forma, o sucesso da prática do marketing político dependerá do tipo de mudança que a organização, por meio da propaganda, deseja produzir no mercado-alvo.

a) Mudança cognitiva: consiste em passar uma informação ao mercado-alvo, procurando elevar seu nível de conhecimento. Por exemplo: informar sobre o valor nutritivo do suco de laranja, ou sobre as vantagens da utilização do álcool como combustível.

b) Mudança de ação: consiste em induzir o mercado-alvo a realizar uma ação específica durante um período de tempo. Por exemplo: estimular os adultos a consumir suco de laranja durante a escassez de leite de vaca; ou utilizar álcool durante a crise do petróleo.

c) Mudança no comportamento: consiste em orientar o mercado-alvo a evitar a demanda de algum produto, potencialmente prejudicial ao seu bem-estar. Por exemplo: desencorajar o uso de leite artificial para a amamentação de bebês.

d) Mudança de valor: consiste em modificar as crenças ou os valores que um mercado-alvo possui acerca de algum produto ou situação. Por exemplo: modificar o valor das pessoas intolerantes ao consumo de carne vermelha.

Em um projeto de marketing político devemos estabelecer os tipos de mudanças que procuramos para depois implantar e solicitar o auxílio da propaganda como arma de convencimento.

54 – CARLOS AUGUSTO MANHANELLI

Finalizando este capítulo, para que possamos delimitar eticamente a propaganda política, transcrevemos a seguir um trecho da declaração da American Association of Advertising Agencies (AAAA), distribuído a todas as agências de propaganda em 1998, sobre a propaganda política e seus atores.

O contratante da esfera política

1 – Consideramos o agente político um anunciante. Ele tem a mesma responsabilidade dos outros anunciantes, pelo conteúdo de qualquer anúncio ou comercial feito para ele. Essa responsabilidade não pode ser delegada a grupos de apoio.

A agência de propaganda

1 – A agência de propaganda deve-se responsabilizar pela verdade e exatidão da propaganda política por ela preparada, da mesma forma como procederia ao anunciar um produto.

2 – A agência deve ter a obrigação profissional de manter os padrões de bom gosto e de evitar difamação e descrédito pessoal na propaganda por ela elaborada.

3 – Consideramos dever da agência utilizar suas habilidades de comunicação a fim de familiarizar a população com o agente político e seu caráter, bem como suas ações políticas e sociais. Técnicas de comunicação devem ser usadas para informar e não deverão fugir do objetivo real.

4 – Caso a agência não mais exerça o controle necessário sobre o conteúdo ou a execução da mensagem, acreditamos ser sua responsabilidade fazer uma declaração pública sobre isso e cessar suas atividades nas campanhas.

Mídia

1 – Toda mídia deve obedecer a padrões adequados de esclarecimento e controle sobre o gosto, o teor, a verdade e a exatidão

da propaganda política, assim como faria ao anunciar um produto. A mídia tem a responsabilidade profissional de rejeitar quaisquer mensagens políticas que não preencham os padrões de honestidade e bom gosto.

2 – Sugerimos que, além de vender segmentos convencionais de tempo para mensagens políticas, os meios de comunicação ofereçam segmentos alternativos para anúncios políticos.

A responsabilidade pela propaganda política honesta e ética é uma responsabilidade compartilhada.

Agente político, agência e mídia deverão unir esforços para que toda comunicação política sirva aos interesses da população.

Último lembrete: propaganda é feita por profissionais. O sobrinho recém-formado, o amigo do deputado ou o irmão do vice-prefeito não necessariamente conhecem propaganda e publicidade suficientemente para ajudá-lo.

O tiro pode sair pela culatra.

Capítulo 6

O especialista em marketing político/eleitoral

O DESTINO DETERMINOU QUE EU NÃO SAIBA DISCUTIR SOBRE
A SEDA NEM SOBRE A LÃ, TAMPOUCO SOBRE QUESTÕES
DE LUCRO OU DE PERDA. MINHA MISSÃO É
FALAR SOBRE O ESTADO. SERÁ PRECISO SUBMETER-ME
À PROMESSA DE EMUDECER OU TEREI DE FALAR SOBRE ELE.

O Príncipe – Nicolau Maquiavel

O especialista em marketing político/eleitoral é como um médico e essa comparação é bastante elucidativa. Na primeira consulta normalmente o paciente fala de seus sintomas e o médico faz um pré-diagnóstico baseado nessas informações. É um diagnóstico superficial, que leva em consideração as variáveis externas (alimentação, tempo de sono), internas (falhas nos sistemas vitais) e as informações emanadas do próprio paciente. Nesse momento, o médico poderá indicar medicamentos que amenizem os efeitos da enfermidade (febre, arritmia etc.). Para que o médico tenha certeza do diagnóstico, ele sempre solicita um exame em laboratório especializado, exame este apropriado à apuração das informações do paciente. Somente após os resultados dos exames, ele terá certeza da causa da enfermidade e poderá combatê-la com eficiência.

O técnico em marketing político/eleitoral tem a mesma postura. Na primeira consulta, normalmente ele ouve o cliente falar de suas dificuldades e de seus problemas na concepção da comunicação política, da sua imagem e o que seus assessores mais próximos têm a dizer. Com base nessas informações, pode fazer um primeiro diagnóstico, considerando o ambiente macro e micro em relação ao momento político, social e econômico. Nesse momento, ele poderá implantar algumas correções que apenas amenizarão os efeitos da falta de eficiência das ferramentas de comunicação.

Para que esse técnico tenha certeza do diagnóstico, ele solicita uma pesquisa para que se possam aferir as informações emanadas pelo cliente. Aí sim, com a certeza das informações, com a constatação das causas dessa insuficiência, ele implantará correções que combatam a causa e não o efeito das deficiências.

Deve ser um profissional com conhecimento multidisciplinar, pois as várias ciências que interferem no marketing político precisam ser entendidas e interpretadas por ele. Sociologia, pesquisas, ciência política, psicologia das massas, comunicação, jornalismo, tevê, rádio, propaganda, publicidade e marketing são apenas algumas das ciências que interferem na análise e no entendimento do mundo político.

Quantos e quantos profissionais com inteligência e *expertise* em apenas uma das áreas que compõem o marketing político costumam se arvorar em consultores políticos e acabam levando seus clientes a erros crassos, implantando ações completamente discordantes que apenas agravam o problema.

Geralmente, institutos de pesquisa produzem relatórios de caminhos que induzem a raciocínio estratégico de marketing político. É como se o laboratório emitisse um relatório indicando os remédios para a doença constatada.

Cada macaco no seu galho.

Capítulo 7

O departamento de comunicação social

O POLÍTICO BEM-SUCEDIDO É AQUELE QUE ACOMODA
SUA ATUAÇÃO À NATUREZA DOS TEMPOS, ÀS
MUTAÇÕES DA REALIDADE, ÀS VARIAÇÕES DE
TERMÔMETRO DOS ACONTECIMENTOS.
O Príncipe – Nicolau Maquiavel

Os candidatos eleitos dependerão, parcialmente, de uma eficiente política de comunicação social para manter a imagem que os levou ao poder, apesar da necessidade de negociar com os outros poderes constituídos.

Sua imagem dependerá também de uma boa administração do mandato. A política de comunicação precisará fazer parte de um todo, que disponha de um bom produto (parceiros do executivo e do legislativo) e de canais sempre abertos para escutar a opinião pública, pois a comunicação social, em nosso tempo, tem mão dupla.

Estabelecidas as necessidades básicas da política de comunicação social, resta encontrar formas de executá-la.

Após a eleição e a posse, começam as cobranças dos eleitores. Assim, baseados na premissa de que o mandato deve primar pela austeridade, para manter a imagem adequada ao político, os responsáveis pela área de comunicação começam também a definir suas metas.

Recomendamos que o uso de verbas publicitárias, principalmente neste primeiro momento, além de parcimonioso, seja de conteúdo menos promocional e mais técnico, de orientação da população – campanhas educativas e de utilidade pública. Assim promovemos a credibilidade necessária aos vários canais de comunicação, para que possamos, na hora oportuna, utilizá-los para a propaganda como arma de convencimento.

Outro ponto defendido é a participação popular por meio de críticas, sugestões e denúncias, que será estimulada de modo que exista um canal frequente de comunicação entre o político e a população.

Vários são os modos de formar esse canal de comunicação: telemarketing, internet, mala-direta, reunião com líderes comunitários e em pequenas localidades, encontro pessoal entre político e população com data e hora marcadas.

Obviamente, a imprensa terá um papel destacado como meio de atingir esse objetivo.

Em grandes centros urbanos, podemos tentar fazer da imprensa a ponte entre governo e população, mas devemos usar também outros caminhos para aferir o sentimento popular em suas várias expectativas.

A pesquisa de opinião, durante a gestão pública, torna-se arma indispensável para qualquer político que pretenda ter seu mandato voltado para as necessidades, os anseios e os desejos da população.

Outra preocupação é com a linguagem usada, que deve ser simples e direta, acessível, mas sem ser populista, de efeitos fáceis.

Ressaltamos a importância de um trabalho inicial de unificação de imagem para o êxito da política de comunicação social. Acredito que a formação da imagem do político deva ser efetuada de dentro para fora, ou seja, todos os secretários, diretores e funcionários do político devem ser informados das ações sociais e seus benefícios. Uma política interna bem executada soma pontos preciosos a favor do governo, pois o funcionário público acaba se tornando um multiplicador de opinião.

A preocupação com a comunicação social com o objetivo de se fazer um mandato participante deve observar todos os detalhes, como a atenção às cartas que o público encaminha ao político, e por ser uma proposta nova – participação popular nas decisões oficiais – necessita de tempo para ser assimilada pelo cidadão comum, ser aceita e executada eficientemente pelo governante.

A boa administração, aliada a um eficiente departamento de comunicação social, sem dúvida, será condição essencial para que esses políticos – em boa parte políticos de carreira, com experiência muito mais ampla na atuação parlamentar que na executiva – possam aspirar ao próprio futuro como políticos.

Está constatado que se mantém no poder quem se comunica melhor com o eleitorado. Para que a comunicação se manifeste plenamente e contribua para a consagração de uma imagem de eficiência, a técnica publicitária deve ser aliada às emoções que o político desperte: credibilidade, esperança, segurança. Portanto, em sua concepção, antes de tudo um bom político precisa ter primeiro valores intrínsecos e, depois, valores partidários.

Para os cargos executivos, os eleitos terão de comprovar sua eficiência como administradores. Desse desempenho no plano administrativo dependerá, sem dúvida, seu futuro no plano político. A comunicação social, por mais eficiente que seja, não poderá mascarar um fracasso administrativo, nem sustentar uma **imagem política de somente vencer e não apenas competir.**

Isso posto, vamos averiguar algumas ações necessárias à montagem de um departamento de comunicação social.

Quem tem a informação tem o poder

Essa máxima nos remete à elaboração de um eficiente sistema de comunicação para os políticos, de tal forma que possa servir de lastro tanto para o executivo como para o legislativo.

Existem empresas no mercado que fornecem *clipping* de jornais e revistas sobre assuntos escolhidos. Nada melhor do que contratar esses serviços para tomar ciência de todas as notícias veiculadas sobre o segmento social ou geográfico que o político representa, ou montar equipe própria de recorte e arquivo, dentro do departamento de comunicação. Lembramos que, para montar essa equipe, devemos ter uma pessoa com discernimento para separar as notícias que devem ser encaminhadas ao político.

Na área de rádio e televisão, também encontramos empresas especializadas em "recortar a mídia eletrônica" nas matérias e citações de interesse. É importante também manter-se atualizado sobre a opinião dos vários segmentos da população, contribuindo para isso a presença física do político nos bairros, armazéns, supermercados, nas barbearias, quitandas etc.

Divulgação

Neste tópico, devemos contar com a presença de um assessor de imprensa que possua inteira confiança do político e conheça bem sua personalidade. É interessante destacar alguns fatos que costumam ocorrer nessa ação. Normalmente os políticos não dão a devida importância a esse tópico, achando que ele acontece naturalmente. Devemos lembrar que quem está na área de comunicação é um profissional que conhece as redações, sabe o momento certo de contatar a imprensa e para quem deve ser encaminhada a notícia. Essa mídia não é espontânea, é conquistada. O que temos visto principalmente no executivo são secretários e diretores de departamentos arvorando-se no papel de "assessores de imprensa" trocando em geral os pés pelas mãos.

Devemos orientar toda a máquina administrativa para lançar as informações no departamento de comunicação social, que saberá cuidar com maior eficiência da divulgação dos fatos. O *que* dizer é papel dos políticos, *como* dizer é função profissional do departamento de comunicação social ou da assessoria de imprensa.

Identidade

Todo mandato deve possuir uma identidade que será a sua maior bandeira. A identidade deverá ter como mote programas prioritários que carreguem para o mandato diferenciais de perfil e imagem. Um político que deseja marcar sua gestão como social deve propor ações de alta prioridade na área, que possam realmente caracterizar seu governo como tal.

Identidade visual

Estabelecimento de um conceito visual para os mandatos, com a definição do logotipo ou da logomarca, com letras e signos visuais para caracterizar o político. Este se torna ainda mais premente nas admi-

MARKETING PÓS-ELEITORAL – 63

nistrações públicas. O executivo rapidamente coloca sua logomarca no início da gestão, pois é uma das formas de anunciar que tudo está mudando, que um novo tempo e um novo governo se iniciam. Essa prática está tão disseminada que já não se concebe um mandato sem que venha acompanhado de uma marca registrada. Na verdade, a classe política não desconhece o apelo que a simbologia apresenta. Sabe-se que apenas 35% de nossas experiências de comunicação diária são verbais, sendo os restantes 65% pertencentes à comunicação não verbal.

É essa comunicação não verbal que serve para reforçar, repetir, substituir, complementar, acentuar, regular e até mesmo contradizer a comunicação verbal. A logomarca de um político é tudo isso e, em resumo, tenta passar os conceitos do mandato. A logomarca, se bem trabalhada, acompanhará o político por toda sua vida, colaborando na identificação de seus projetos e suas ideias.

Eventos

Essa área é a que deve estar mais ligada ao departamento de comunicação social. Todo evento é normalmente notícia, e já começa com os preparativos, desde que as informações sejam trabalhadas profissionalmente. O simples fato de inaugurar uma obra pode ou não ser notícia. É necessário que se trabalhem a divulgação, os textos e o evento.

A inauguração de uma obra deve ser trabalhada com o objetivo de demonstrar a ação social, seus benefícios e a postura do político perante a sociedade.

Principalmente o marketing do executivo se ampara, em parte, na mobilização das massas. Nesse caso, trata-se de programar um conjunto de ações de mobilização, que tenha como objetivo básico energizar o ambiente, abrindo climas de aproximação e simpatia, criando um fluxo de opiniões e influência em setores da população. Esse programa deve ser estabelecido tanto de maneira centrífuga (do centro para a periferia) como de maneira centrípeta (da periferia para o centro), de forma a envolver todos os segmentos da população.

Antes de divulgarmos uma obra, devemos analisar alguns pontos que facilitarão o trabalho da divulgação.

a) Importância social
Localização da obra
Público beneficiado
Sensibilização pela manutenção
Mutirão para benfeitorias comunitárias

b) Importância governamental
Perfil da obra
Grau de participação no bolo governamental
Interferência na vida pública

c) Inaugurações
Visitas periódicas durante a obra para manutenção de imagem perante a comunidade
Sensibilização permanente das lideranças locais
Distribuição de folhetos explicativos (quando necessário) para educação popular sobre o uso da obra
Utilização dos meios de massa

House organ ("jornal da casa")

Como explicamos no texto inicial, a imagem de uma gestão política deve ser construída de dentro para fora. Portanto, é necessário que todos os envolvidos saibam as diretrizes do político e de seus assessores, para que possam avaliar e analisar suas ações. Obviamente, não é necessário criar um jornal para essa divulgação interna, mas um veículo que circule apenas internamente, objetivando a valorização dos agentes que compõem as forças de trabalho do político. No caso do executivo, é de suma importância um veículo específico que fale direta e constantemente com os funcionários públicos.

O departamento de comunicação social pode, com pouco custo, elaborar um boletim no qual, semanal ou quinzenalmente, será divulgado o andamento de toda ação que estiver em curso nas várias secretarias.

Isso criará um "bolsão de informações", gerenciado pelos próprios funcionários públicos, que servirão de multiplicadores de opinião e disseminadores de boas notícias perante a sociedade, principalmente em pequenas comunidades. É o que meu amigo Tadeu Comerlatto chama de "formação de um Grupo de Defesa da Administração (GDA)". Se tivermos grupos de oposição à administração, cabe a nós formarmos o nosso GDA.

Para que funcione, todas as secretarias deverão repassar informações sobre suas ações e atividades ao departamento de comunicação social.

O jornal da administração ou do mandato para distribuição à comunidade deve constituir-se de meios planejados e desenvolvidos pela administração que se destinem a veicular e distribuir uma massa de conceitos e visões a respeito das atividades políticas e administrativas. Geralmente os políticos tendem a menosprezar a chamada mídia própria, em função da tendência de não se dar valor ao santo da casa. Quando elaborados de forma profissional, e de acordo com as condições técnicas favoráveis, os veículos próprios obtêm grande sucesso. Entre eles destacamos: jornais, boletins, revistas, programas próprios e regulares de rádio e televisão.

Comunicação social

É realmente uma via de mão dupla. Nesse tópico, devemos lembrar que comunicação não é o que divulgamos, mas sim o que a população entende.

O atendimento à população pode ser feito de várias maneiras. Destacamos aqui o telefone, que, acoplado a uma simples secretária eletrônica, pode servir de receptor das reivindicações da população. Naturalmente teremos de fazer uma triagem, embora todas as reivindicações devam ter uma resposta, de preferência por escrito. Esse telefone também pode servir contra qualquer elemento do *staff* político, como ferramenta de fiscalização e denúncia para a população e como prestadora de serviços.

Atualmente temos o processo de telemarketing que, por meio de *softwares*, tornou mais ágil e organizado o processo de telefonia como prestadora de serviços, ouvidoria, pesquisa relâmpago, comunicados de utilidade pública, propaganda política, comunicados urgentes etc.

Como exemplo destacamos a ação que uma prefeitura deflagrou e que demonstra o grau de preocupação em escutar a população.

Em certo momento de seu mandato, um prefeito colocou à disposição da população o "disque-buraco", no qual o munícipe comunica à prefeitura a existência de buracos na cidade. O objetivo é utilizar informações advindas da sociedade, quanto ao tópico "buracos", para sanar a deficiência de fiscalização e colocar a estrutura administrativa local a par do problema, usando a população como fiscal, conotando uma preocupação do poder municipal em envolver toda população na questão e, ao mesmo tempo, satisfazer suas reivindicações. É uma ação que pode, se for eficiente, deixar um saldo bastante positivo na construção da imagem do prefeito.

Em localidades menores, podemos atribuir um dia da semana para que o prefeito pessoalmente receba a população. Essa atividade tem sido útil em vários municípios. Exemplificamos como o prefeito de uma cidade com 70 mil habitantes (médio porte) estrutura esse recebimento.

Em um dia da semana, a cada quinzena, o prefeito abre as portas de seu gabinete para a população que, em grande número, leva suas reivindicações. O prefeito recebe um a um e encaminha as questões, com o auxílio de assessores e secretários presentes.

Uma secretária anota as reivindicações e após o encaminhamento o próprio prefeito cobra a ação.

Essa ação simples em seu feitio, mas eficiente em sua forma, tem levado o prefeito, que há apenas alguns meses tomou posse, a governar seu município com amplo respaldo popular. Já foram detectados nessa ação secretários corruptos, ineficientes, grosseiros e desinteressados pela sua secretaria.

Claro que nem todos os problemas trazidos são resolvidos, mas a satisfação da população em ser ouvida diretamente pelo prefeito é um efeito a ser considerado.

Pesquisas de aceitação das ações sociais

Atualmente os políticos com uma visão maior do seu mandato e do eleitorado não dispensam essa ferramenta de trabalho. Uma pesquisa bem-feita, com questionário elaborado profissionalmente e com o objetivo de aferir as necessidades, os desejos e anseios da população mostra o norteamento que o político deve tomar para conseguir ações que satisfaçam a maioria e mostrar o efeito de ações já deflagradas. Quantas vezes nos enganamos, achando que estamos fazendo o melhor para a população e, na realidade, estamos fazendo o que achamos melhor para nós e nossos amigos? Graças ao trabalho profissional de alguns órgãos, as pesquisas hoje ganharam a importância que por muito tempo tentamos demonstrar. Uma pesquisa de acompanhamento no mínimo a cada seis meses pode mudar os rumos de uma gestão política, colocando-a no caminho de uma administração vitoriosa.

Propaganda governamental

O país passa por uma fase na qual a propaganda governamental está sendo julgada. O abuso com que os governantes se utilizaram dessa arma fez que a credibilidade desta fosse arranhada. A propaganda oficial deve levar em consideração atualmente o caráter educativo e de utilidade pública, para que seja aceita pela população. Apenas propagar feitos, sem balizá-los no que diz respeito ao benefício social, poderá prejudicar e muito o poder executivo. Por isso, propomos que toda e qualquer propaganda de governo passe por uma minuciosa análise de conteúdo, para que não respingue no político o efeito da rejeição.

Jean-Marfe Domenach, em seu livro *A propaganda política* (Difusão Europeia do Livro, 1960), já alertava que a falta de credibilidade na propaganda política aconteceria. Ele denominou o uso da propaganda como ferramenta de convencimento por meio de argumentos falsos de "Bourrage de Crâne", e esclareceu que isso levaria os políticos a perder a credibilidade nas ações e palavras, obrigando a propaganda política a retornar como instrumento de educação e utilidade pública.

Folder informativo sobre as atividades das secretarias

Iniciamos um interessante trabalho em uma prefeitura no estado de São Paulo, na qual todas as secretarias deveriam possuir um folheto explicando suas atividades e indicando a forma como a sociedade poderia acioná-las. Após a distribuição desse folheto, a população tomou ciência das atividades e atribuições de cada secretaria e o encaminhamento das reivindicações tornou-se mais eficiente. Esta é uma ferramenta que deve ser usada principalmente pelas secretarias que detêm grande demanda de atribuições.

Grande parte dos recém-eleitos para cargos executivos demora a se conscientizar de que agora está na administração. Muitos candidatos eleitos, embalados pelos fatos eleitorais que os levaram à vitória, demoram demais para descer do palanque.

Temos verificado que, embora eleitos e com responsabilidade para com a comunidade, esses executivos ficam preocupados em atingir seus antecessores, com grande divulgação dos escândalos e descalabros deixados pela administração anterior.

Alertamos que essa ação, embora desqualifique os antecessores, acaba também desqualificando os eleitos, pois a população aguarda com ansiedade que as propostas e promessas efetuadas durante a campanha eleitoral sejam implantadas ou ao menos iniciadas.

O que está na memória dos eleitores é a esperança apresentada pela candidatura vitoriosa, isso é que está sendo cobrado.

Não podemos achar que a divulgação de "grandes achados" jurídicos sensibilizem a população, visto que estes não beneficiam diretamente a comunidade.

Devemos denunciar, sim, todas as irregularidades encontradas, mas não podemos nos esquecer de que a população está aguardando as ações prometidas, pois foi nisso que ela votou.

O trabalho do departamento de comunicação social deve ser equilibrado nessa fase, demonstrando as irregularidades, mas deixando espaço para a divulgação das ações sociais tão esperadas pela população.

Cerimonial público

Entende-se por cerimonial o conjunto de formalidades a ser seguidas durante um ato solene ou uma festa pública.

O cerimonial, portanto, estabelece as normas a ser seguidas em todo e qualquer evento solene ou público, tais como: visita de autoridade, assinatura de projeto, congresso, banquete etc.

O serviço do cerimonial não deve ser confundido com a organização de eventos. A organização de eventos exige plano específico, bem como uma série de procedimentos técnico-administrativos diferentes do cerimonial, a fim de atingir os objetivos propostos. Já o cerimonial exige do profissional ou da equipe atitudes para cumprir regras e normas conforme a necessidade do momento, adequando-as à situação.

Sendo assim, em um evento, o cerimonial pode ocorrer como uma etapa, já que se preocupa com questões referentes a discurso, lugares de honra, placas comemorativas ou alusivas, bandeiras e hinos, filas de cumprimentos, visitas de autoridades, delegações, recepções, fita inaugural, bênção das instalações, composição e plano de mesa, banda, jantares/almoços e coquetéis, homenagens, condecorações etc.

O cerimonial é entendido como uma atividade de comunicação e imagem, uma vez que trabalha com a imagem da instituição, bem como com a de suas autoridades.

Essa é uma prática que existe desde as antigas civilizações e vem passando por variações que são ditadas por aspectos culturais, temporais, bem como as cerimônias a que se aplicam. Por isso existem várias modalidades de cerimonial, tais como: diplomático, marítimo, religioso, político etc., que atendem a regras específicas e/ou precisas.

Pelo fato de a cerimônia ser um conjunto de normas oficiais que fixam as formalidades a ser observadas por ocasião de um ato solene ou de uma festa pública, existe legislação específica dispondo sobre essa matéria.

As normas prescritas pelo governo federal são adotadas com pequenas adaptações pelos estados e municípios.

Assim, encontramos no âmbito federal o Decreto 70.274, de 9 de março de 1972, que traz muitas indicações para o estado e poucas para os municípios. No âmbito do estado de São Paulo, encontramos as normas pertinentes ao cerimonial e à ordem de precedência no Decreto 11.074, de 5 de janeiro de 1978, com retificações publicadas no Diário Oficial de 10 de janeiro de 1978 e 19 de abril de 1978.

Os decretos citados que se encontram ainda em vigor apresentam princípios básicos do cerimonial que devem ser observados.

Para se aprofundar nesse tema procure o Cerimonial Público para Municípios (Cepam) em São Paulo, que costuma oferecer cursos sobre cerimonial público.

Um bom trabalho administrativo por parte do político é obrigação, mas, por uma questão cultural, precisa ser levado ao conhecimento da população para demonstrar e sedimentar os benefícios que dele advêm.

ESTRUTURA DO DEPARTAMENTO DE COMUNICAÇÃO

Muitas são as dúvidas que aparecem em nosso escritório sobre como montar um bom departamento de comunicação social, o que deve conter, que profissionais contratar, que seções o compõem etc.

Usando como base o descrito no livro *Tratado de comunicação organizacional e política* do professor Gaudêncio Torquato (Thomson, 2002), vamos elaborar a seguir uma estrutura de comunicação para prefeituras (de qualquer tamanho) que queiram que esse departamento funcione.

SECRETARIA DE COMUNICAÇÃO

Cargo: secretário
Secretaria/administração/arquivo/*folow up*

DEPARTAMENTOS
- Imprensa (um coordenador)
- Publicidade e propaganda (um coordenador)
- Mobilização, articulação e eventos (um coordenador)
- Relações públicas (um coordenador)

SECRETÁRIO DE COMUNICAÇÃO
Atividades e funções:
- Planejar e coordenar as atividades e os serviços da Secretaria de Comunicação.
- Manter contatos estreitos com diretores, editores, colunistas e proprietários dos meios de comunicação.

MARKETING PÓS-ELEITORAL – 71

- Orientar e assessorar o prefeito sobre aspectos do discurso, postura e maneira de agir com a imprensa.
- Acompanhar o prefeito em viagens e visitas.
- Dirigir o departamento e as áreas de apoio da secretaria, pautando serviços e atividades, controlando, cobrando e promovendo o ajustamento de linguagem e a integração dos departamentos.

IMPRENSA

Composição: um coordenador-geral
– Reportagem e redação: dois jornalistas
– Um "clipeiro"
– Um rádio-escuta
– Um fotógrafo

Atividades e funções:
- Coordenar as atividades de imprensa das secretarias e diretorias da prefeitura, centralizando todas as informações, pautando os serviços, promovendo o ajustamento de linguagens e emanando todas as informações da prefeitura, evitando-se assim a criação de miniprefeituras, nas quais secretários aparecem mais que o prefeito, e detendo informações para barganhar poder.
- Fazer a cobertura rotineira das atividades do prefeito – despachos, atendimentos especiais, visitas, inaugurações e presença nos mais diversos fóruns institucionais.
- Elaborar o *house organ*, adquirindo e fomentando informações especialmente no departamento pessoal e na secretaria administrativa sobre assuntos de interesse do funcionalismo público.
- Elaborar o boletim mensal "Chapa Branca", com todas as atividades da prefeitura e de todas as secretarias.
- Fornecer os textos para os *folders* informativos de cada secretaria.
- Elaborar documentos especiais, folhetos e *papers* sobre programas e projetos específicos da prefeitura.
- Elaborar linhas básicas para os pronunciamentos do prefeito.
- Fornecer temas e textos para os programas de rádio do prefeito, acompanhando a oportunidade.

- Elaborar relatórios trimestrais para prestação de contas das atividades governamentais.
- Encaminhar matérias e pré-pautas para a imprensa com cópia para o prefeito.
- Fornecer respostas às demandas da imprensa e às críticas dos meios de comunicação e dos cidadãos, diretamente ou por meio de cartas aos leitores.
- Entregar *clipping* diário ao prefeito o mais cedo possível.
- Fazer a análise das notícias de rádio, televisão, mídia impressa e entrevistas com o prefeito.
- Fornecer fotos para os que necessitem e controlar o arquivo.

PROPAGANDA E PUBLICIDADE

Composição: um coordenador

Atividades e funções:
- Estabelecer o contato com a agência de publicidade que atenderá à conta da prefeitura.
- Transmitir *briefings,* com orientação dos secretários, para todas as peças de todas as secretarias e diretorias.
- Encaminhar as sugestões do secretário de comunicação, acompanhar a realização de campanhas institucionais, corrigir roteiros, controlar prazos e qualidade dos materiais de campanha.
- Receber e encaminhar orçamentos e acompanhar planejamento de mídia.
- Receber e encaminhar para a agência formatação do programa de rádio (vinhetas, BG etc.) para receber os textos divulgados pela imprensa.
- Formatar, com a agência dos *folders* informativos, *design* e nome do informativo "Chapa Branca" e do *house organ.*

MOBILIZAÇÃO, ARTICULAÇÃO, EVENTOS E CERIMONIAL

Composição: um coordenador

Atividades e funções:
- Realizar contatos com as estruturas externas encarregadas de promover eventos governamentais, com a finalidade de acertar detalhes.
- Coordenar os serviços de telemarketing quando existirem.
- Orientar aspectos, ângulos e protocolos a ser desenvolvidos nos eventos, acompanhar o trabalho dos serviços terceirizados e controlar a qualidade dos eventos.
- Planejar calendário de eventos nos bairros, com a participação do prefeito, recebendo para isso a agenda do prefeito e mantendo contato permanente com o gabinete.
- Responsabilizar-se por todo o desenvolvimento dos eventos, contratando e prevendo todas as atividades necessárias para o bom andamento de suas ações.
- Responsabilizar-se pelos convites necessários para os eventos e operacionalizá-los.

RELAÇÕES PÚBLICAS

Composição: um coordenador

Atividades e funções:
- Obter diariamente nas secretarias e diretorias informações sobre as atividades que possam ser merecedoras de repercussão e repassá-las ao secretário de comunicação para que dissemine as atividades entre os departamentos.
- Passar diariamente no gabinete do prefeito para se informar da agenda e suas modificações e repassar ao secretário de comunicação.
- Informar rotineiramente ao departamento de imprensa sobre os eventos que contarão com a presença do prefeito e dos secretários.
- Informar-se na ouvidoria ou no órgão correlato sobre os temas e as respostas emanadas aos munícipes.
- Manter relações estreitas entre associações, ONGs e qualquer outra atividade organizada, pautando as reuniões entre estas e o prefeito.

- Mapear todos os poderes políticos do território a ser trabalhado: vereadores, prefeitos, deputados, lideranças partidárias do partido e da oposição, representantes de ONGs, sindicatos, associações, lideranças comunitárias, formadores de opinião, recursos para eventos existentes no território e próximos a ele etc.
- Planejar e acompanhar a realização de pesquisas sobre programas, perfil e avaliação de governo.
- Colaborar na leitura e interpretação das pesquisas, fornecendo ao secretário de comunicação as análises e reflexões extraídas das pesquisas de imagem e conceito.
- Sugerir aspectos e novas abordagens para as pesquisas a ser realizadas.
- Escolher locais para a distribuição do *house organ*, do jornal "Chapa Branca" e dos *folders* das secretarias.
- Responsabilizar-se pelo *briefing* das secretarias para os *folders*.

Lembrete final: recomendo, sempre, que todos os departamentos e profissionais aqui sugeridos, bem como o secretário de comunicação, partilhem do mesmo espaço físico, o que facilita o fluxo de informações entre estes vários departamentos, colaborando assim com a eficiência e o bom desempenho da comunicação da prefeitura.

Capítulo 8

A comunicação política

> OS ESTADOS BEM ORGANIZADOS E OS PRÍNCIPES HÁBEIS
> PROCURAM NÃO PROVOCAR OS GRANDES E SATISFAZER
> AS MASSAS, CONSERVANDO-AS CONTENTES, MESMO
> PORQUE ESTE É UM DOS MAIS IMPORTANTES ASSUNTOS
> DE QUE UM PRÍNCIPE TEM DE TRATAR.
> *O Príncipe* – Nicolau Maquiavel

A comunicação política nunca poderá ser encarada como um item supérfluo, pois, como já dizia o saudoso Abelardo Barbosa (Chacrinha), "quem não se comunica se estrumbica".

Os mais afoitos poderão pensar: "Vamos sair contando tudo a todo o mundo que está feita a comunicação". Infelizmente o processo não funciona assim. O planejamento da comunicação é a única forma eficiente de alcançar os objetivos procurados.

As estratégias gerais de um candidato político devem ser o mais amplas possível. Não basta ser eleito, embora, sem a menor dúvida, sua vitória no pleito seja indispensável para que, a partir de então, possa realmente desempenhar o importante papel a que se propôs com tanto empenho. No entanto, muitos candidatos parecem estar exclusivamente preocupados com a eleição em si. Como dizia o saudoso Ulysses Guimarães, "políticos em eleição são como estudantes que vão prestar exame vestibular, com a diferença que os políticos têm vestibular de quatro em quatro anos". É lógico que tanto os estudantes quanto os políticos querem passar, mas, se não souberem o que significa o curso universitário que se propõem a fazer nem a carreira escolhida, então não haverá previsão nenhuma de sucesso, embora o candidato possa ser aprovado.

O candidato eleito passará a ser responsável diretamente por menor ou maior parcela de poder. Será de sua competência, inclusive, legislar sobre os seus concidadãos. E, para executar bem essa função, ele deverá não somente estar preparado, mas também ter traçado metas compatíveis com o cargo.

Apesar de declarações negativistas, existe uma considerável parcela de progresso e desenvolvimento que estarão diretamente sob o controle do político eleito.

Existe uma preocupação constante, tanto entre governantes quanto entre dirigentes privados, que se expressa por uma vontade declarada de progresso. Todos pretendem obter melhoria, a qualquer custo. Esse desejo se torna ainda mais acentuado quando se observa que tudo ao redor está em constante mutação; assim, todos temos a impressão de que somente nós é que estamos parados. Como efeito vem o desejo de avançar a qualquer custo, não levando em consideração as consequências futuras, desde que se saia do impasse presente. Infelizmente, muitas decisões da administração pública são tomadas assim e os resultados raramente são compensatórios.

Benjamin B. Tregos cita quatro tendências que chegam a atordoar não somente os dirigentes, mas a humanidade em geral. A primeira é o crescimento exponencial do conhecimento. Sabe-se que, de 1750 a 1900, a quantidade de conhecimento no mundo dobrou. De 1900 a 1940, dobrou novamente. De 1940 a 1960 – apenas vinte anos – dobrou uma terceira vez. E de 1960 a 1970 dobrou pela quarta vez. A partir de então, não se consegue medir a estonteante taxa de progresso, sobretudo na área tecnológica.

A segunda tendência é a impressionante taxa atual de mudanças sociais. Além do vertiginoso progresso nos meios eletrônicos de informação, temos igualmente vertiginosa mudança no comportamento social das pessoas. A penetração de assuntos eróticos e de contestação política é apenas um dos itens que ilustram essa constatação.

Como terceira tendência, temos a crescente participação do governo em assuntos econômicos e comerciais, que antes eram relegados apenas à iniciativa privada. Isso faz que todo governante tenha de ser ao mesmo tempo um empresário de patrão ausente, que precisa dar constantes e minuciosas explicações a seus subordinados.

A quarta tendência é a crescente limitação do meio circulante. Está cada vez mais difícil atender a qualquer desejo de progresso quando as finanças e verbas estão permanentemente em baixa.

Esses quatro condicionantes juntos tornam muito mais difícil qualquer ação decisiva de progresso governamental. Por isso, mais do que nunca, o administrador público deve formular estratégias condizentes para sair do impasse.

Enfim, o candidato eleito deve ter uma filosofia de ação que lhe dirá aonde deseja chegar, para que, em função disso, ele possa traçar suas metas e seus planos.

A comunicação política pós-eleitoral nada mais é que a sequência da comunicação usada na campanha de um candidato após sua eleição. A diferença é que, depois da consagração do candidato pelas urnas, o ritmo da campanha perde aquele tom inflamado. Nesse caso, a campanha assume um ritmo mais moderado, sem as agitações e a inflamação que caracterizam uma campanha pré-eleitoral, na qual os confrontos entre os candidatos concorrentes acontecem frente a frente, em cada local onde possam existir eleitores, e a disputa pelo voto é aguerrida, nem sempre se utilizando de meios éticos.

Uma campanha pós-eleitoral se realiza dentro de gabinetes, sem atropelos ou afobações, pois, aqui, o importante é que esta seja harmoniosa e permanente.

Se durante a campanha pré-eleitoral o objetivo era solicitar e conseguir o voto do eleitor, na campanha pós-eleitoral o objetivo é manter essa preferência, ganhando durante todo o mandato, visando em longo prazo à garantia de uma reeleição ou eleição a outro cargo mais tranquila, sem sobressaltos e correrias tão comuns nos anos eleitorais, consolidando sua posição perante o eleitorado e aumentando a possibilidade de que este se mantenha fiel ao ex-candidato nas eleições subsequentes.

A comunicação pós-eleitoral, além de consolidar a penetração do candidato nas diversas camadas da comunidade, amplia-a, mantendo aberto um valioso canal de comunicação direta entre o político e

78 – CARLOS AUGUSTO MANHANELLI

a sociedade, contribuindo de forma significativa para a formação da consciência política da população, pois garante sua participação e aumenta o grau de interesse dos cidadãos para o que se passa no âmbito político regional e nacional.

Aplicando as técnicas de comunicação pós-eleitoral durante seu mandato, o político garante ainda o respaldo popular, o que serve para aumentar o grau de influência dentro do partido e na esfera política em que atua.

Está bem, de novo, muito "blablablá" e pouca ação. Então vamos lá. COMO FAZER:

Para que um político possa gozar das vantagens mencionadas, precisa estar sempre presente entre o eleitorado, o que tem de ser feito a um custo relativamente baixo, de forma a assegurar que os meios escolhidos possam ser utilizados ininterruptamente, visto que a constância e a persistência são ingredientes essenciais para garantir a eficácia desses meios.

O primeiro problema a ser resolvido é saber onde residem os eleitores que votaram no candidato e possibilitaram a sua vitória. (Vide Capítulo 2, "O paiol".) A resposta a esse problema pode estar no levantamento dos resultados obtidos pelo candidato, observando-se em que distritos ou zonas eleitorais ele foi mais votado, permitindo, pelo menos, que se determinem e delimitem as regiões ou os bairros onde a sua densidade eleitoral foi maior. Isso feito, o próximo passo a ser dado é a tabulação em banco de dados de todas essas informações. Viabilizamos então uma mala-direta a cada um dos moradores das zonas delineadas, agradecendo a preferência, reafirmando os seus propósitos e solicitando-lhes que enviem ao gabinete suas principais reivindicações, posturas, ideias e sugestões, e alguns dados pessoais, como nome e data de aniversário dos outros membros da família.

Não se deve esperar um retorno maciço de respostas, pois embora o índice de envio seja alto, atingindo todas as famílias, é fato comprovado que o brasileiro prefere a comunicação oral à escrita, e o índice de retorno considerado ótimo fica na faixa de aproximadamente 3%, que pode ser melhorado, caso se envie, com a mala-direta, um formulário de respostas com porte pago.

Hoje em dia, com o advento do telemarketing, casado com *soft--wares* desenvolvidos especialmente para a obtenção dessas informações, constatamos que o índice de retorno é muito maior (em torno de 60%), além de a coleta e a tabulação no banco de dados serem mais rápidas.

Por meio das respostas recebidas, é possível elaborar uma listagem, com nomes e endereços dos eleitores, colocando nas mãos do político informações preciosas que certamente lhe proporcionarão no futuro bons dividendos eleitorais.

Mesmo que as pessoas que responderam ao telemarketing ou à mala-direta não tenham votado no candidato na eleição passada, já podem ser consideradas potenciais eleitoras para as eleições futuras, caracterizando um aumento real de influência que o candidato passa a exercer (lembre-se: manter e expandir).

Caso se queira aumentar o número de eleitores constantes na listagem, pode-se abraçar uma causa popular que atinja a maioria da comunidade (por exemplo, aumento de energia elétrica). Por meio de uma ação de telemarketing, podemos acionar toda a população de um município ou estado, no intuito de elaborar um abaixo-assinado ou uma ação pública contra ou a favor da causa, conseguindo com isso aumentar bastante nosso banco de dados, consolidando um canal de comunicação aberto entre o eleitor e o político.

Se estiver começando um processo de telemarketing, empreenda uma primeira ação com intuito de prestação de serviço ou de utilidade pública, para depois utilizá-la como propaganda. Fazendo isso, você obtém credibilidade no veículo e acaba consolidando uma forma de abordagem com dinamismo.

Uma vez de posse da listagem, o político deve enviar regularmente malas-diretas ou disparar uma campanha de telefonemas aos eleitores, em um espaço variável e quando realmente tenha alguma coisa consistente para dizer, como uma prestação de contas, o resultado de alguma ação em que o eleitor foi envolvido (vide energia elétrica), a relação de projetos apresentados ou em andamento no período, ou ainda alguma outra mensagem que faça o eleitor sentir-se parte do processo político, por exemplo, uma consulta de opinião sobre um projeto polêmico, o envio de convites para assistir a uma sessão solene, avisos de utilidade pública (campanhas de vacinação, atividades esportivas e culturais etc.). Outra prática que traz bons resultados é o envio de congratulações no Natal e no Ano-Novo, ou o cumprimento pelo aniversário de um membro da família, visto que todos os procedimentos anteriormente descritos têm por finalidade obter a simpatia e a fidelidade do eleitorado, e o meio mais fácil de conseguir apoio de um indivíduo é fazer que ele se sinta valorizado, principalmente no Brasil, onde é comum os políticos se lembrarem dos eleitores somente durante o ano em que se realizam eleições.

A tendência de um indivíduo assim distinguido é de comentar o fato, divulgando, dessa forma, o nome e as ações de seu candidato, angariando para este a aprovação e a simpatia dos membros de uma comunidade, aumentando as possibilidades e o potencial de penetração do político.

Por meio de um cadastramento dos eleitores, um candidato pode, ao aproximar-se a data da realização de novas eleições, mobilizar gratuitamente um enorme contingente de simpatizantes e cabos eleitorais voluntários, convocando-os, de forma sutil, a trabalhar pela sua reeleição com seus familiares, amigos, colegas e conhecidos.

Outro meio de comunicação de que o candidato dispõe é uma assessoria de imprensa que lhe garanta acesso aos meios de comunicação, tanto na grande como na pequena imprensa, constituídas por jornais de bairros ou associações, fazendo-se sempre presente em entrevistas, publicando matérias, mantendo uma coluna etc. (Vide Capítulo 4, "Assessoria de imprensa".)

Todas essas formas de comunicação são válidas, mas para que possamos fechar o círculo são importantes a presença e o comparecimento regular, sempre que possível, nas associações de amigos de bairros, encontros de casais e outras associações comunitárias ou sindicais, ou então nomear, entre seus membros, alguém que possa representá-lo, tendo em vista que nesses movimentos existem grandes possibilidades de fazer contato com líderes de opinião.

Outras ações que podem colaborar com o fechamento desse círculo são fazer visitas a uma família conhecida no bairro ou na região, ou que tenha sido listada, conquistando a simpatia e a admiração de seus integrantes; frequentar clubes; ir a festas e comemorações; enfim, procurar aumentar sempre o seu círculo de convívio social.

A comunicação política pós-eleitoral garante ainda um constante aperfeiçoamento da imagem profissional e pessoal do político, aconselhando-o sobre a maneira de estabelecer canais entre cada segmento social e cada região, determinando linhas de comunicação mais efetivas a ser utilizadas, a fim de criar um carisma em torno do candidato e popularizar sua imagem. Isso se consegue mantendo hábitos de comprar regularmente em vários estabelecimentos diferentes, tornando-se cliente conhecido em todos eles, e de optar sempre pela compra de varejo, fazendo-a em diversos locais e nem sempre de uma só vez. À primeira vista, essas sugestões podem parecer ridículas ou inexpressivas, mas não deixam de ser úteis, pois representam alguns votos a mais nas urnas na hora da necessidade.

Além disso, por meio do uso permanente da comunicação política durante toda sua vida pública, um político tem em mãos informações importantes, atualizadas constantemente, a respeito do eleitorado e de suas aspirações, bem como de sua popularidade – o que lhe pode proporcionar uma considerável economia nas futuras campanhas eleitorais, detectando ainda cada oportunidade para aproveitá-la em seu favor.

A comunicação política pós-eleitoral é um investimento que um político deve fazer, pois, como tal, rende-lhe dividendos e lucros em forma de votos, que compensam plenamente os gastos despendidos, visto que a soma que for gasta durante o mandato será com certeza economizada quando o político fizer sua campanha para tentar a reeleição ou postular níveis mais altos, trazendo-lhe ainda vantagens incontestáveis em relação a candidatos menos previdentes ou novatos, visto que já estará em uma posição consolidada e inacessível a esses adversários.

É justamente a falta de utilização das técnicas de comunicação, aliadas ao marketing político pós-eleitoral, que leva os candidatos, no ano eleitoral, a gastar verdadeiras fortunas, passando ainda por momentos angustiantes até a apuração dos votos, assim como também é em ra-

A COMUNICAÇÃO ELETRÔNICA: O RÁDIO PÓS-ELEITORAL

zão dessa subutilização que se assistem aos grandes fracassos de candidatos à reeleição, que poderiam ser considerados favoritos se analisados os votos que obtiveram nas eleições anteriores.

A COMUNICAÇÃO ELETRÔNICA: O RÁDIO PÓS-ELEITORAL

O rádio tem sido subaproveitado não só no marketing político como também no mercado publicitário. Tanto em uma área quanto em outra, não é inteligente deixar de dar importância a um meio que, em alguns pontos do país, tem penetração igual ou superior à da televisão.

Periodicamente, em pesquisas de credibilidade e prestígio entre os meios de comunicação, o rádio supera a televisão, os jornais e as revistas, e mesmo em comparação com outras entidades sociais como sindicatos, partidos e governo. O público acredita – e muito – no rádio.

No mercado publicitário, a maior falha foi do rádio, que durante as duas últimas décadas, a partir dos grandes centros, foi perdendo competitividade perante a organização institucional e corporativa dos outros meios, ante o profissionalismo da TV como rede nacional. O rádio não se desenvolveu como veículo de rede e somente agora tenta recuperar-se.

O rádio se tornou municipal e varejista. Isso não atrapalhou sua audiência e seu prestígio, ao contrário. Porém direcionou sua política comercial para os pequenos negócios, afastando-o aos poucos do grande mercado, das grandes agências e dos patrocinadores (neste caso, as exceções são as rádios jornalísticas e algumas FMs de ponta). A política comercial se tornou tosca e competitiva, enquanto outros meios sofisticavam o relacionamento, o marketing, as pesquisas e os formatos.

Somente a especialização, a segmentação e as melhores tecnologias no meio, surgidas a partir da década de 1990, começam a criar o desejo de reocupar o espaço perdido. Iniciativas como Escritório do Rádio, Reação do Éter e a consolidação das redes via satélite são exemplos.

Na área política, o rádio se mantém como companheiro fiel e "fácil". A manutenção da obrigatoriedade da Voz do Brasil apenas no rádio, contra fortes movimentos nascidos nas grandes cidades, mostra que partidos e governos relutam em abrir mão dessa importante mídia, abrangente, influente e eficaz. Quando presidente e governadores precisam manter um canal direto e constante com a população, são as redes informais de rádio as ferramentas preferidas.

A distribuição de concessões de emissoras a grupos ligados a políticos criou um conhecimento específico, porém disperso, sobre operação de rádio na classe política. Com diferentes graus de competência e sucesso, emissoras de rádio têm sido operadas por esses grupos. O uso editorial dessa mídia "fácil" acaba banalizando o meio. O "marketing político" é então feito por quantidade de tempo no ar e não mais por qualidade.

Na legislação política, o rádio vai a reboque da televisão a ponto de legisladores gerarem textos absurdos como o da legislação de 1994 para as eleições de presidentes, governadores, senadores, vereadores e deputados que, para manter as limitações a que se propunha, descrevia um estúdio como um ambiente de quatro paredes com uma câmera de televisão, o que dificultaria bastante o funcionamento de um estúdio de rádio.

A propaganda política na TV segue a linguagem do meio buscando públicos amplos. Entra no ar em horários que são tradicionalmente ocupados por programas de públicos bastante abrangentes (novelas, noticiários). A propaganda de rádio acaba indo ao ar em horários diferentes dos da televisão, nos quais a composição de público de emissora para emissora é completamente heterogênea, quando não é oposta. Se o programa de TV mirar somente no público da noite da Globo e do SBT, acerta 80% de seu alvo. Para reunir números parecidos em rádio, é necessário sobrepor vários tipos de programação. Em compensação, a frequência da mensagem pode ser maior.

A propaganda política, para ter maior eficácia, deveria ser tão segmentada quanto o horário das emissoras de rádio. Foi com segmentação, especialização e atendimento a públicos distintos que o rádio se destacou. Nada mais diferente do que o público da manhã de uma AM jornalística, de uma FM popular ou de uma adulta qualificada. E todos são obrigados a ouvir a mensagem no mesmo formato, com grande dispersão.

Essa especialização não gera aumento exagerado de custo como em TV. A produção em rádio é bem menos dispendiosa que a de TV, e os profissionais para a execução dos programas variados, embora não sejam abundantes, são facilmente treinados nas próprias praças.

Deveria ser permitida a criação de programas eleitorais e políticos diferenciados, no mínimo para AM e FM, nas cidades em que a quantidade de emissoras gera essa diferenciação acentuada.

Para o político que tem oportunidade de usar esses meios, fica o alerta para que se beneficie da segmentação, dirigindo-se especificamente a cada público.

Enquanto estamos aqui discutindo maneiras de sofisticar o acesso dos públicos de rádio e especializar a mensagem, ainda em grandes cidades como São Paulo repete-se o áudio da TV dos programas políticos e eleitorais em horários gratuitos de rádio. Ao avaliar o custo do tempo em rádio e a dispersão causada por uma má mensagem, é possível ter ideia do desperdício de tempo por todo o país.

Para o período pós-eleitoral, o rádio (e a TV também) deve à sociedade uma verdadeira atuação de utilidade pública. A indefinição sobre as emissoras comunitárias criou verdadeiros clones de rádios comerciais com fins lucrativos, canibalizando frequências e criando o caos no dial. Emissora comunitária deve ser exatamente isto: comunitária, deve atender a sua comunidade. Para isso, deveria ter o apoio das emissoras comerciais, em contrapartida à concessão gratuita. O rádio precisa manter sua face pública para a comunidade como já acontece em outros países.

Infelizmente, no Brasil o rádio é um meio praticamente inexistente nas estratégias de marketing político pós-eleitoral e uma ferramenta desperdiçada durante as campanhas.

A seguir, algumas dicas e conclusões que o ajudarão e muito a usufruir o meio rádio com grande benefício.

CARACTERÍSTICAS DO RÁDIO

LINGUAGEM ORAL: o rádio fala; portanto, para receber a mensagem não é necessário ser alfabetizado; em consequência, a média do nível cultural do público é menor que a da mídia impressa.

PENETRAÇÃO: geograficamente, o rádio é o meio mais abrangente, ao mesmo tempo que nele está presente o regionalismo.

MOBILIDADE: o rádio hoje está em todo lugar: na sala, na cozinha, no quarto, nos escritórios, nas fábricas, na lavoura, no automóvel, eliminando também o hiato de audiência durante a locomoção. Seu tamanho diminuto torna-o facilmente transportável.

BAIXO CUSTO: em comparação com a televisão e a mídia impressa, o aparelho receptor de rádio é o mais barato.

IMEDIATISMO: os fatos podem ser transmitidos no instante em que ocorrem. O aparato técnico para transmissão é menos complexo que o da televisão.

SENSORIALIDADE: o rádio envolve o ouvinte, fazendo-o participar por meio da criação de um diálogo mental com o emissor. Ao mesmo tempo, desperta a imaginação pela emoção contida nas palavras e nos recursos de sonoplastia, permitindo que as mensagens tenham nuanças individuais, de acordo com as expectativas de cada um. Uma imagem vale por mil palavras, diz um antigo chavão. E o rádio usa mil palavras para fazer uma imagem, envolvendo em cada fase o ouvinte. (Basta lembrar do caso de Orson Welles e a guerra dos mundos em 1938)[1]

AUTONOMIA: o rádio, livre das tomadas e dos fios, deixa de ser meio de recepção coletiva e torna-se individualizado. A mensagem oral se presta para a comunicação intimista. É como se o rádio tivesse contando algo a cada um em particular. Ao mesmo tempo, a atividade de ouvir não exclui a possibilidade de desenvolver outras tarefas como ler, dirigir, trabalhar etc.

---

1. Em 1938, Orson Welles transmitiu, nos Estados Unidos, um programa de rádio no qual simulava um ataque alienígena à Terra, provocando pânico generalizado no país. (N. E.)

APRESENTAÇÃO NO RÁDIO

O rádio fornece espaço suficiente para que você possa debater suas ideias com o entrevistador ou com os ouvintes. Lembre-se de que a **entonação** e o **tom de voz** é que vão determinar a forma como o ouvinte receberá sua mensagem.

LINGUAGEM NO RÁDIO
- Intimista.
- Descontraída.
- Conversar, não discursar.
- Usar analogia.
- Exemplificação com conteúdo já conhecido da população.
- Dissertativa.
- Emoção na medida certa.
- É preciso respeitar todas as características do meio e as condições de recepção. O fato de a mensagem estar destinada a apenas ser ouvida deve estar entre as preocupações básicas do emissor.

CONCLUSÃO

A televisão e o rádio devem ser usados com o objetivo de marketing político.

É importante conhecer o eleitorado (pelas pesquisas) e utilizar essas informações para formar uma imagem afetiva e emocional no rádio e na TV que atenda melhor às necessidades daquele eleitor.

A TV PÓS-ELEITORAL

Muito já se tem escrito sobre o uso da televisão no meio político. Em meus outros dois livros, *Estratégias eleitorais e marketing político* e *Eleição é guerra*, dedico capítulos imensos a esse tema. O que importa para nós nessa área é saber como usar o meio em nosso benefício, como ferramenta para objetivar e colaborar com o marketing político.

O produto TV é resultado de um processo íntimo do político de trabalhar a estratégia de seu mandato e uma tática dialética que transforma e é transformada de acordo com a demanda. O produto é avaliado constantemente durante o decorrer do mandato e passa por transformações táticas para sintetizar a estratégia aplicada, isto é, o produto vídeo poderá ser adaptado às novas realidades que surgirão durante o mandato.

Nesse espaço de tempo, enquanto os profissionais trabalham na realização do vídeo conjuntamente com os profissionais de marketing e o próprio político, há um processo íntimo de troca de experiências para trabalhar melhor a estratégia de cada um e, somente a partir disso, a TV se transforma no *software* do candidato. Uma ferramenta sofisticada, da qual ele se utilizará para atingir seus objetivos.

Além disso, há a avaliação feita pelos técnicos envolvidos no processo, e o político bem preparado enfrentará o vídeo de forma natural. Para isso, algumas produtoras dispõem de profissionais especializados para treinamento em técnicas de empostação de voz, de postura, de imagem pessoal do político, dos ângulos mais favoráveis e tudo aquilo que pode ser melhorado, objetivando um bom desempenho no vídeo que favorecerá o político, tornando-o mais agradável ao telespectador e corroborando a imagem que ele pretende transmitir.

O político poderá, então, lançar mão de vários recursos, como a memória televisiva, acumulando cenas de suas passagens mais importantes, do antes e do depois, e de tudo aquilo que ele e sua equipe julgarem essencial para dar andamento à estratégia traçada.

O mais importante nesse contexto, entretanto, é que os candidatos se utilizem dos profissionais de TV que, na maioria dos casos, estão aptos e preparados para realizar um bom trabalho, dentro das técnicas mais modernas e, principalmente, dentro dos padrões de expectativa do público e do político.

É fundamental não se esquecer de que a TV hoje é formada por profissionais qualificados e tem equipamentos e técnicas de última geração que estarão à disposição do político e de sua assessoria.

FORMAS DE USO DA TV

Em primeiro lugar devemos saber que a credibilidade do meio televisão (jornalismo) é bastante aceita; por isso, vale muito mais uma notícia a nosso favor do que mil aparições em propaganda televisiva.

A propaganda política televisiva não pode em hipótese nenhuma ser óbvia, pois de cara retira a atenção do telespectador. A propaganda televisiva inteligente, funcional, que vale realmente quanto custa, deve ter como princípio ativo o entretenimento.

Goebbels já nos remetia a esse raciocínio quando usou a propaganda/entretenimento como arma de convencimento nazista. E a propaganda é, e sempre será, a maior arma de convencimento de todos os tempos.

Essa máxima deve ser rigorosamente respeitada, e quem não assim o fizer pagará o ônus de uma propaganda chata, ineficiente e, aí sim, muito cara.

Existe coisa mais burra do que um político aparecer de cara falando do problema e da solução que pretende dar a esta ou àquela demanda?

As agências de propaganda cabe o mister de fazer propaganda política televisiva com a mesma qualidade da comercial, com a mesma criatividade e o mesmo interesse, e não simplesmente vomitar informações em cima do telespectador. Cabe também ao político contratante saber que não adianta usar os trinta segundos do comercial só com a imagem dele dando explicações. ISSO NÃO FUNCIONA.

Lembrete final: é melhor não fazer inserções em pequeno número. A propaganda política deve ser calcada em um projeto de marketing político e não ser usada apenas para tapar buraco ou socorrer o que não tem mais socorro. Pronto, desabafei. A quantidade de falhas que tenho presenciado na propaganda política na TV realmente dá vontade de chorar. Agências inescrupulosas que apenas filmam o político, colocam a imagem no ar e ganham bojudos 20% das inserções me deixam indignado. CRIATIVIDADE.

Vou apresentar algumas dicas de como utilizar o meio televisão (quando for possível a aparição) obtendo o maior benefício possível.

INFLUÊNCIA DA TV NA SOCIEDADE

◆ A TV faz parte da sociedade, influenciando e sendo influenciada.
◆ Se não passou na TV, não aconteceu.
◆ Os valores *sociais* são ampliados, reproduzidos, modificados ou menosprezados.

APRESENTAÇÃO NA TV

O meio televisivo obriga seus usuários a expressar suas ideias (e respostas) de forma:

◆ clara;
◆ concisa;
◆ lógica;
◆ convincente.

LINGUAGEM NA TV

◆ Conversar (sala de visitas).
◆ Gestos brandos (nunca acima dos ombros).
◆ Roupa compatível com o fundo (cenário).
◆ Olhar para câmera como se esta fosse o eleitor.
◆ Tom de voz íntimo, coloquial.
◆ Nada de discursos ou termos de discursos.
◆ Termos do cotidiano do eleitor, sua vida, seu bolso.

COMPORTAMENTO NA TV

O que transparece na TV:
◆ excessiva proximidade ou distanciamento;
◆ gesticulação;
◆ expressão facial e corporal;
◆ roupas inadequadas;
◆ postura;

- olhar;
- timbre de voz;
- interpretação;
- estado emocional.

PARA QUE SERVE A TV?

- Não nasceu para o debate de ideias.
- Televisão é *show*.
- TV forma imagem.

O QUE FUNCIONA NA TV?

Segundo pesquisa realizada na Europa durante dez anos, o que mais influencia o eleitor na hora da decisão do voto é:

- tom de voz;
- expressão do rosto;
- palavras (para compor a imagem).

IMAGEM NA TV

A formação da imagem na TV se dá de maneira:
- subjetiva;
- ilógica;
- irracional.

COMPONENTES DA IMAGEM

- História da vida.
- Linguajar.
- Tom de voz.
- Postura.
- Roupa.
- Hábitos públicos.

- Expressão corporal.
- Ambiente social.
- Interferência de tudo na imagem.

DEBATE NA TV

- *Show* de personalidades.
- Uso do debate para ganhar o eleitor.
- Debate para formar ou fortalecer sua imagem ou a do adversário.
- Candidato tem de ganhar quem está em casa e não de quem está com ele no debate.
- Aproveitamento das agressões como argumento a favor de eleitor.

Capítulo 9

Telemarketing

Se não há mais os remédios que já foram empregados,
imaginar outros novos, segundo a
semelhança dos acontecimentos.
O Príncipe – Nicolau Maquiavel

O telemarketing representa o mais novo canal de comunicação da moderna ação mercadológica. Significa a utilização criativa e planejada das telecomunicações e da informática em apoio aos programas de marketing. Quando falamos em telecomunicações estamos englobando não só o instrumento telefone, mas, também, equipamentos de fax, computadores e videotexto. Toda vez que houver uma comunicação, por esses meios, estamos falando de uma operação de telemarketing.

No Brasil, a utilização do telemarketing é recente e tem obtido grandes resultados no setor de vendas da iniciativa privada. Também tem sido usado em campanhas políticas, obtendo bons resultados.

As principais vantagens do telemarketing são: velocidade de penetração; cobertura de forma controlada; capacidade de mensuração imediata; comodidade de quem recebe a mensagem; interação imediata pelo contato pessoal entre o operador e o receptor da mensagem.

No caso do marketing político, o telemarketing permite selecionar cuidadosamente cada grupo (ou célula) de público que se quer atingir por características culturais, sociais, políticas e econômicas.

Uma chamada telefônica é sempre rica em emoção e desperta expectativa, criando uma receptividade positiva que não deve ser desperdiçada com uma mensagem inadequada. Hoje o telemarketing é o único veículo que permite argumentar e contra-argumentar no ato da transmissão.

Esse método tem um forte índice de credibilidade graças à comunicação interativa entre político e eleitor. Uma ligação ou comunicação malfeita geralmente desperta reação contrária e, portanto, contraindicada. Ela permite captar, registrar e catalogar as reações de cada receptor, mesmo daqueles que rejeitam a ligação, possibilitando estabelecer prioridades para novas ações. Por sua vez, é possível elaborar um relatório de chamadas, o qual fornece as informações fundamentais para o planejamento de marketing.

As ações massificadas de marketing e comunicação, principalmente se tratando de política, vêm sendo cada vez mais rejeitadas pelo público. Um exemplo disso é a utilização da chamada com uma mensagem gravada longa e cansativa, que toma o tempo do cidadão e pode ser desconectada a qualquer momento, não atingindo assim seu objetivo.

Hoje, o mercado, o público, os leitores precisam e querem ser tratados de forma individualizada. Nada de mensagem com conteúdo amplo para um público genérico. Isso é prática do passado.

O telefone é o mais moderno e eficiente meio de comunicação para atingir o cidadão de forma direta. Selecionar e qualificar segmentos de mercado específico sempre é o melhor caminho.

Para cada um dos agrupamentos determinados, com padrões culturais semelhantes, pode-se criar um script próprio, de forma que a mensagem seja facilmente decodificada, permitindo até antecipar-se aos desejos dos eleitores – mesmo que não sejam explicitados.

A adequação da mensagem à cultura do público-alvo garante sua completa e fácil decodificação, elevando, sobremaneira, seu índice de retenção.

Há quem ainda insista em utilizar um veículo de comunicação direta, dirigida e personalizada para uma ação massificada e generalizada. Isso no mínimo resultará em investimentos mal empregados e, no máximo, em contratempo, o que qualquer político que queira obter sucesso não pode permitir.

De acordo com o exemplo citado, ainda há quem acredite que o telemarketing deve ser utilizado para muitas gravações computadorizadas para um grande e não qualificado público. Nesse caso incorre-se em um erro básico. Seria melhor usar um veículo eminentemente dirigido para uma ação de massa. Além de mais abrangente, é mais barato e rápido.

Outro aspecto do uso inadequado refere-se às mensagens gravadas com duração de trinta ou sessenta segundos. Além de incorrer no mesmo erro, comete-se outro, pois uma das vantagens de usar o telefone é poder monitorar a recepção. Ficar sabendo se a mensagem do político foi recebida e como foi recebida; ficar sabendo se o interlocutor quer aderir à campanha ou ao projeto (e nesse caso receber mais material complementar); se não quer, conhecer os motivos permitirá à equipe estabelecer com rapidez as ações a ser tomadas.

No telemarketing, ao contrário da mala-direta, sabe-se imediatamente que a mensagem atingiu o destinatário e qual foi sua reação. Os detratores do telemarketing apresentam o argumento de que ele agride a privacidade. Ao aceitarem esse frágil argumento, como ficariam o rádio, a televisão e a Internet? E a mala-direta, os jornais e as revistas? Você não compra jornal para ler anúncio!

O telefone invade tanto quanto qualquer outro veículo, mas tem uma vantagem muito grande sobre eles. Pede-se licença para falar, vai direto com quem se quer, de forma personalizada e otimista. Uma força de comunicação dirigida que nenhum outro meio apresenta. Onde podemos aplicar o telemarketing?

Existem dezenas de aplicações possíveis para a operação de uma central de telemarketing. Um ponto de partida para a seleção de aplicações pode ser a análise das oportunidades de mercado oferecidas pelos atuais cenários, que mostram que é possível: popularizar e simplificar os serviços; interiorizar os serviços; evitar locomoção; desburocratizar procedimentos no atendimento ao público; implementar serviços de apoio à comunidade; criar serviços adaptados aos segmentos sociais; desburocratizar as informações; desenvolver pesquisas e alimentação de banco de dados; agilizar a máquina administrativa; fixar o lado positivo da imagem nos meios políticos.

As centrais de atendimento/informações poderão ter operações ativas e receptivas, envolvendo informações de ordem geral – vacinação, itinerário de ônibus, procedimentos diversos para obtenção de papéis na prefeitura – até serviços personalizados, com apoio da informática, com informações específicas a cada cidadão em particular.

O volume e a natureza dos serviços a ser prestados por uma "Central de Telemarketing" será função dos recursos disponíveis, da missão atribuída à central e da vontade política de servir à população.

Mas, afinal, quais as razões para adotar o telemarketing?

Vamos apresentar três razões para que o marketing político utilize-se dessa ferramenta que, após a privatização das companhias telefônicas em todo o país, ganhou *status* de popularidade e de acessibilidade pela maioria da população brasileira.

Razão lógica: as prefeituras, os órgãos de governo e os políticos, como outras organizações, estão rodeados por diversos públicos com os quais deverão manter boas relações. Muitos desses órgãos são criados especificamente para fornecer um serviço público como transporte, proteção, assistência, informações comerciais, serviços de saúde, turismo, instrução etc.

Manter um serviço de informações eficaz para os seus principais públicos e para toda a população, por meio das centrais de telemarketing, assegura sintonia nas relações e, como consequência, todos os benefícios dela resultantes.

A sociedade de serviços: muito se fala, comenta e analisa sobre a mudança que vivemos atualmente envolvendo a substituição da sociedade industrial pela sociedade de serviços.

Para procurar entender esse estado de mudanças, antes e acima de tudo as pessoas, os empresários e as autoridades governamentais devem se convencer de que tudo está mudando, nos mais diversos campos – do sociológico, passando pelo econômico e chegando até o psicológico.

Para um entendimento maior, a "sociedade de serviços" poderia ser considerada, no sentido mais amplo do termo, uma "sociedade de simplificação", seja pela ampliação de técnicas mais racionais, seja pela própria vontade do ser humano de ter cada vez mais respeitada sua simplicidade voluntária.

Desmassificação da sociedade: a desmassificação dos meios com o surgimento da TV a cabo, dos videocassetes, das redes ligadas a satélites, dos microcomputadores e da Internet contribuiu para quebrar a consciência "monolítica" que caracterizava a sociedade contemporânea, aquela em que os indivíduos são encorajados a comparar-se com um pequeno número de modelos e funções e avaliar-se comparativamente a uma diminuta quantidade de diferenciais socialmente aceitos. Ao contrário, a sociedade da terceira onda, preconizada por Alvin Tofler, exigirá do indivíduo o estabelecimento de uma identidade coerente e a consciência da própria individualidade. A consequência direta desse novo estado de coisas já está provocando o surgimento de novos segmentos sociais, evidenciando uma eminente explosão futura da sociedade em inúmeros microssegmentos, o que, sem dúvida, a desmassificará e exigirá novas formas de comunicação, individualizadas e personalizadas.

O telemarketing e todas as outras formas de comunicação direta, nas quais a individualidade é respeitada, constituem-se hoje uma exigência da sociedade, cujos maiores anseios envolvem a simplificação da vida por meio das facilidades da informação.

Portanto, ao implantarem centrais de atendimento e informações, os políticos estarão assegurando sintonia fina com a comunidade.

Capítulo 10

Cases

A PRIMEIRA IMPRESSÃO QUE SE TEM DE UM GOVERNANTE, DA SUA
INTELIGÊNCIA, É DADA PELOS HOMENS QUE O CERCAM. QUANDO
ESTES SÃO COMPETENTES E LEAIS, PODE-SE SEMPRE CONSIDERAR O
PRÍNCIPE SÁBIO, POIS FOI CAPAZ DE RECONHECER A CAPACIDADE
DE MANTER A FIDELIDADE. MAS, QUANDO A SITUAÇÃO É OPOSTA,
PODE-SE SEMPRE FAZER DELE MAU JUÍZO, PORQUE SEU
PRIMEIRO ERRO TERÁ SIDO A ESCOLHA DESSES ASSESSORES.
O PRÍNCIPE – NICOLAU MAQUIAVEL

As técnicas derivam de experiências que, repetindo-se com sucesso, consagram-se como ciência. Assim posto, o que você vai ver a seguir são alguns *cases* que nos levaram a teorizar sobre as técnicas de marketing pós-eleitoral que funcionam. Por isso, se você ler, no relatório enviado aos políticos que contrataram nossos serviços, a mesma teorização das técnicas, não se assuste. Nosso intuito é reforçar perante os clientes o que realmente funciona nesta área.

Vamos explanar alguns *cases* de marketing cujas soluções encontradas poderão ser úteis. Talvez um destes seja o seu caso. Lembre-se de que o passado não se repete, mas serve de lastro para as atitudes futuras.

Case I

O prefeito de uma cidade média em Minas Gerais nos procurou informando que não entendia por que seus índices de reconhecimento a todo o trabalho desenvolvido eram tão pequenos, já que ele contava com uma equipe completa de profissionais exigidos para um bom trabalho.

Fizemos a primeira visita ao município e após algumas conversas informais com secretários e assessores, e vistoria em algumas obras efetuadas pela prefeitura, começamos a perceber a deficiência dos vários meios e canais de comunicação existentes.

Iniciamos nosso trabalho solicitando uma pesquisa quantitativa que nos indicou como a população desconhecia o trabalho da prefeitura e que imagem ela fazia do atual prefeito.

Como a pesquisa tem um tempo para se efetivar, produzimos um relatório com atividades que podiam ser impetradas de imediato, amenizando assim a falha do departamento de comunicação.

A seguir transcrevemos o relatório:

RELATÓRIO INICIAL RESULTANTE DA VISITA DE CONSULTOR À CIDADE_____ - MG

INTRODUÇÃO

Conforme explicado a todos os que participaram do processo, o que vamos relatar e indicar a seguir apenas amenizará os efeitos da falta de eficiência das ferramentas de comunicação. As causas dessa insuficiência só poderão ser constatadas com base nos resultados das pesquisas espontâneas que deverão ser efetuadas na cidade, para então implantarmos ferramentas que combatam a causa e não o efeito.

PEQUENA EXPLANAÇÃO

Muitos dos políticos modernos já se conscientizaram de que a população tem carências constantes; entre essas carências está a afetiva.

Ser lembrado durante todo o mandato é uma das formas de se fazer lembrado na época da campanha eleitoral e tornar mais fácil o trabalho de captação do voto.

Normalmente os departamentos de comunicação e imprensa das estruturas políticas trabalham apenas com mídia, ou seja, sua preocupação básica é a de levar ao conhecimento de jornais, revistas, rádios e TVs o conceito de divulgação das ações políticas. A mídia, no entanto, é apenas uma pequena parte de um planejamento de marketing.

Esse erro não deve ser imputado às assessorias, que na maioria das vezes são muito bem-intencionadas, mas aos próprios políticos, que ainda tratam esse tema com descaso e falta de profissionalismo.

É raro encontrar um político que acredite desde o primeiro dia de seu mandato na importância do marketing e da comunicação. Ou porque ele julga que um bom trabalho termina por aparecer – e, nesse caso, basta trabalhar e esperar –, ou porque não é capaz de perceber o que o marketing e a comunicação trarão para a formação de sua imagem e da sua força política eleitoral. Então o marketing e a comunicação terminam sendo as últimas das necessidades. E sem entender a importância do marketing e da comunicação, tratando esses temas com pouca ou nenhuma importância, o resultado só poderá ser o fracasso na tarefa da informação e da formação de sua imagem pública.

O segundo problema é a falta de profissionalismo. Muitas vezes o político tem vontade, interesse e conhece a força do marketing, mas entrega essa tarefa a um "entendido", que pode ser um cabo eleitoral que o ajudou, um primo do deputado, um menino de futuro e cheio de vontade, mas que nunca trabalhou na área, e o resultado é também fracasso.

O político necessita do marketing político em suas gestões para ampliar as pontes de comunicação com sua comunidade, prestar contas periódicas, criar um clima de aceitação e simpatia, abrir fluxos de acessos, identificar pontos de estrangulamento nas estruturas burocráticas de seus gabinetes, identificar anseios, expectativas e demandas sociais, e criar um clima de confiança e credibilidade, virtudes tão requisitadas dos políticos, porém raras.

Para que um trabalho de marketing dê certo é fundamental que existam interesse por parte do político e profissionalismo por parte de quem vai executar a tarefa.

Obviamente, um profissional de marketing político sozinho não fará milagres, pois o marketing na esfera política depende de outras ciências para ser adotado com sucesso. Assessoria de imprensa, cerimonial, eventos, informática, propaganda, projetos especiais, telemarketing e pesquisas farão parte de qualquer plano de marketing político.

Essa estrutura é bastante simples. As pesquisas demonstram as prioridades da população e permitem a verificação dos resultados das ações sobre a opinião pública.

Primeiro as pesquisas detectam os principais problemas que preocupam cada segmento geográfico ou social. Com base nessas informações, serão definidas as linhas de atuação política ou administrativa.

Em seguida entra a comunicação. Uma ação estabelecida não auxilia a composição nem a manutenção da imagem de um político se não for trabalhada pela comunicação e devidamente divulgada.

Quando o político não trabalha a comunicação de suas ações, acaba deixando espaço para que a oposição divulgue a sua "versão dos fatos", na maioria das vezes distorcida. É preciso ocupar todos os espaços disponíveis.

Como se observa, o marketing político pode e deve ser usado tanto no executivo como no legislativo e em qualquer das esferas (municipal, estadual ou federal).

Devemo-nos deter um pouco no item informática. Com a explosão da Internet em todo o mundo, o computador tornou-se um dos melhores meios de comunicação para um gabinete legislativo ou executivo. Com a informática podemos administrar um bom banco de dados, contatar os meios de comunicação, obter notícias e fatos que possam ajudar nas decisões, orientar todos os colaboradores do mandato etc.

O marketing político compreende um conjunto de meios, formas, recursos e ações de pesquisa, comunicação e mobilização que sustente suas atividades e vise aumentar a dimensão pessoal/administrativa do executivo ou legislativo, sua gravidade política, liderança e popularidade, em um movimento planejado para convergir com todos os fatores auxiliares para um ponto preciso no futuro, arrebanhando discordantes e reafirmando seguidores.

CONSTATAÇÃO *IN LOCO*

Em nossa visita à prefeitura, pudemos constatar algumas carências na estrutura de comunicação, que com certeza estão colaborando para a ineficiência da comunicação e da boa estruturação do marketing político.

1ª) **Canal de comunicação interno** *(house organ):* começamos detectando a ausência de um canal de comunicação entre os mandatários das ações sociais e os executores dessas ações. Não existe um canal de comunicação entre prefeito, secretários e funcionários. Para que possamos estabelecer esse veículo, sugerimos que seja ministrado um treinamento, para que o emissor e o receptor das mensagens possam ser motivados, antes da implantação do *house organ,* por meio do qual estabeleceremos divulgadores das ações da prefeitura de dentro para fora do gabinete e contando com a credibilidade dos funcionários.

A ideia é que os funcionários da prefeitura sejam os grandes divulgadores das ações que estão sendo iniciadas e serão instaladas. Hoje, se for perguntado a um funcionário municipal o que a prefeitura está fazendo de bom para a cidade, com certeza ele não saberá responder. Isso se espalha entre os seus convivas sociais, prejudicando a imagem do prefeito e da administração. Os veículos não se misturam; apesar de existir um jornal do mandato, não existe um boletim interno com linguagem compatível e direta aos colaboradores (funcionários públicos).

2) **Assessoria de imprensa:** chegamos a conhecer as pessoas que trabalham nesse segmento, e constatamos que a pouca experiência dos envolvidos no processo leva a algumas incorreções de interpretações e julgamento nas ações que devem ser levadas a termo.

Um simples jornalista não é necessariamente um bom assessor de imprensa, mas um bom assessor de imprensa é necessariamente um jornalista.

Essa função exige trabalho obstinado, inteligência, astúcia, humildade, personalidade e, principalmente, perseverança.

Por mais que o político faça, se ele não comunicar a imprensa, ele nada fez, principalmente no cargo executivo, em que as ações tendem a ser notadas apenas nos segmentos beneficiados, não repercutindo em toda a comunidade.

O papel do assessor de imprensa é duplo: esclarecer a imprensa sobre o político e o político sobre a imprensa.

É comum em seu trabalho que o assessor tenha de defender o que conhece e, com certeza, ele conhece o político para quem trabalha. Cabe a ele levar ao conhecimento da imprensa quem é esse político, o que faz, o que pensa, que ações pretende levar a efeito, quais as suas posições sobre os problemas nos âmbitos municipal, estadual e nacional e, em ocasiões propícias, até posicionar o político em relação a temas internacionais.

O assessor também precisa esclarecer o político sobre a imprensa, pois ele precisa saber como funciona uma redação de jornal ou o departamento de jornalismo de uma rádio ou tevê. Os políticos de modo geral não sabem como a mídia funciona. Eles apenas sabem que é importante obter espaço e querem aparecer. Erram quando mandam apenas *releases* tendenciosos, exagerados e insistem demais em futilidades. Não mandam pré-pauta, não sabem sugerir uma notícia e são mal assessorados: quando não contratam um assessor que não é profissional, colocam um que é, mas não tem personalidade. Esse assessor acaba desagradando aos seus colegas de imprensa.

Como o assessor de imprensa faz a interface entre o político e a imprensa, ele deve ser altamente diplomático: mesmo em caso de desinteligência entre as partes, ele deve manter desobstruídos os canais – ao menos para si – para que seja possível, na ocasião adequada, restabelecer o contato.

Quando falamos de personalidade, referimo-nos essencialmente ao parágrafo anterior. Esta postura profissional deve prevalecer sempre.

Um dos grandes erros no nosso país é a cultura do "faz-tudo". Muitos assessores de imprensa acumulam as funções de imprensa, propaganda e marketing, e muitas agências de propaganda que atendem políticos acumulam as tarefas de imprensa e marketing. Então ficam dando desculpas quando nem uma coisa nem outra funcionam.

A maioria dos assessores de imprensa trabalha com *press-release*, que geralmente vai para a lata de lixo da redação. Em pequenas cidades, o *press-release* ainda funciona mais ou menos. Um bom assessor, antes de conseguir cobertura para os fatos, verifica se o que vai ser noticiado tem de fato "gancho" jornalístico. Em vez de ficar distribuindo notas que ninguém utiliza, ele deve propor ações concretas, como uma denúncia verdadeira, uma reunião importante, um seminário, uma visita de conciliação, alguma coisa que realmente possa ser transformada em notícia.

Nestes tantos anos de militância nesta área, aprendi que é preciso dizer a verdade para a imprensa. O maior capital do assessor de imprensa de um político, principalmente em nossos dias, é sua credibilidade. Desmentidos, normalmente, não surtem efeito.

Um assessor de imprensa deve ser visto pelos editores e repórteres especializados como fonte fidedigna e capaz de respeitar a inteligência dos outros, a ética profissional, de conciliar os interesses do político com os dos veículos e seus jornalistas.

Além de redigir e administrar os textos e as pré-pautas da comunicação política, o profissional da área deve procurar manter abertos todos os canais de comunicação, realizando um verdadeiro trabalho de relações públicas permanente com os jornalistas, sempre pronto a prestar informações e dar declarações e sem jamais falseá-las, podendo, quando muito, omiti-las.

Um político só vai se destacar entre seus pares quando der o devido valor à comunicação. Cada espaço obtido na imprensa tem um valor inestimável, pois abre caminho direto até o seu eleitor. Fazer repercutir tudo que sai na imprensa entre seus correligionários, simpatizantes e eleitores é o que fortalece ou dignifica a imagem política criada.

Normalmente o político acredita que o espaço conquistado na mídia é gratuito, mas essa crença não é correta. Na minha concepção, o espaço na imprensa não é gratuito, é arduamente conquistado, e essa conquista de espaço precisa ser muito bem planejada para que corrobore com o objetivo estratégico traçado para o mandato. É preciso empreender uma ação de comunicação que leve em consideração a imagem que se pretende transmitir, a tática para consolidar e manter essa imagem, para só então iniciar a criação de fatos que levem ao que denominamos "mídia conquistada".

Jornalistas buscam notícias interessantes. O assessor de imprensa que for capaz de fornecê-las, que conhecer a fundo como funciona cada veículo, que souber respeitar datas e horários de fechamento de pauta, conquistará mais espaço nos meios de comunicação de sua comunidade e conseguirá valorizar seu trabalho, aumentando sua projeção.

Cabe a um bom assessor de imprensa ir atrás da notícia. Isto quer dizer visitar todas as secretarias e departamentos com frequência, tomar ciência de todas as atividades e eventos programados por elas, fornecer cobertura jornalística por igual a todos que fornecerem subsídios e principalmente manter um *house-organ* (boletim interno) com notícias de todos para todos.

3ª) Cerimonial e relações públicas: esses elementos não existem na prefeitura e são de suma importância para que possamos efetuar um bom trabalho de marketing político.

Relações públicas: cabe ao responsável por essa área mapear todos os poderes políticos do território a ser trabalhado: vereadores, prefeitos, deputados, lideranças partidárias do partido e da oposição, representantes de ONGs, sindicatos, associações, lideranças comunitárias, formadores de opinião, recursos para eventos existentes no território e próximos a ele etc.

Com essas informações, esse departamento vai acionar e organizar todos os envolvidos nos eventos ocorridos no município.

Cerimonial: esse departamento é o encarregado de se fazer obedecer a protocolos oficiais. É quem chega antes aos eventos e ocasiões nos quais o prefeito estará presente, para checar todas as formalidades e equipamentos necessários. Isso valoriza a imagem do prefeito e aumenta a eficiência dos eventos.

4ª) *Site* **oficial da prefeitura:** esse *site* não foi encontrado em nenhum *site* de busca, o que demonstra a total falta de habilidade em comunicação de quem se prontificou a fazê-lo. O *site* da prefeitura serve não apenas como canal de comunicação interno, mas também externo. Normalmente é por ele que jornalistas, empresários e empresas procuram saber as condições da cidade. Esse *site* deverá ser cadastrado o mais rápido possível em todos os *sites* de busca, para que possa ganhar visibilidade. Por não encontrá-lo não podemos avaliá-lo.

5ª) **Estar sempre entre o povo:** não se deve fazer desta última observação apenas retórica de palanque. O governante que não estiver permanentemente próximo de seu eleitorado tende a receber a condenação pelo voto. A tendência no ambiente político é a de optar por candidatos que, efetivamente, interpretem os verdadeiros anseios da população. Sem falsas promessas, sem obras grandiosas, e sim com os pés no chão. O marketing do executivo não faz milagre, mas certamente ajuda um governante a obter um melhor posicionamento perante seu eleitorado.

Observação: tivemos acesso às pesquisas efetuadas na cidade e, como já explicado ao prefeito, o viés apresentado pelas perguntas estimuladas nos impede de fazer um diagnóstico preciso e confiável das ações mais contundentes que podemos adotar no marketing governamental. É prudente que façamos pesquisas espontâneas para que possamos interpretar as reais condições da imagem pública do executivo e suas variáveis.

CONCLUSÃO

Esses cinco pontos apresentados podem ser estabelecidos de imediato para minimizar os efeitos da falta de uma ação de marketing político. Para que seja possível atuar contra as causas, vamos aguardar o resultado das pesquisas quantitativas espontâneas solicitadas.

CASE 2

Em consulta ao nosso escritório, um deputado estadual de São Paulo nos informa que, por mais que ele reconhecesse o esforço de sua assessoria, o rendimento do trabalho da equipe não lhe parecia eficiente. Já haviam demandado várias reuniões de trabalho, mas o motivo da falha não tinha sido detectado.

No primeiro estudo, efetuado juntamente com algumas reuniões com os assessores, averiguamos a deficiência da comunicação interna e a importância desta para obter a sinergia da equipe de trabalho e a homogeneidade na comunicação. Começamos nosso trabalho pela organização do gabinete.

Em seguida, tabulamos uma pesquisa para aferir, analisar e comprovar o grau de ineficiência da comunicação interna, os motivos e as justificativas dela e a importância que os assessores atribuem à comunicação interna como fator de integração, homogeneização e divulgação da imagem do deputado perante seus eleitores.

Para que um político mantenha fortalecida sua imagem externa, é necessário que ele tenha uma equipe afinada para restabelecer mecanismos e ferramentas de informação, persuasão e envolvimento, pois a missão básica da comunicação interna é balizar suas atividades pelo público externo, primando pela demonstração de eficiência e propiciando a consagração das estratégias na meta perseguida pelo homem público.

Em nosso diagnóstico, aferimos que o trabalho de comunicação realizado pelo gabinete era exclusivamente voltado para o público externo. Toda semana eram enviadas centenas de cartas aos eleitores. O deputado preocupava-se muito em enviar notícias sobre sua atuação para a imprensa, tanto da capital quanto do interior. Possuía uma página na Internet com atualização periódica sobre seu trabalho e toda semana realizava reuniões com representantes da comunidade.

Em conversas informais e reuniões formais com os assessores, cada vez mais saltava aos olhos a necessidade de uma comunicação interna eficaz. Isso porque eles sentiam que os desencontros e a restrição de informações não geravam um fluxo contínuo e direto dos assuntos pertinentes à assessoria, uma vez que interesses pessoais somavam-se como um dos dificultadores desse processo.

Diante disso, entendeu-se que a comunicação, um processo coeso e dinâmico, deve ser trabalhada internamente, viabilizando a melhor projeção da imagem do deputado. Ou seja, desenvolver a comunicação interna como instrumento de fidelização e segmentação é fundamental para transparecer a imagem idealizada pelo deputado como consequência do trabalho realizado no gabinete.

Esse aspecto se sustentou e ficou evidente após a análise dos dados coletados no diagnóstico e na elaboração dos pontos fortes e fracos.

Reproduzimos a seguir o relatório inicial de avaliação da comunicação do gabinete do deputado X.

Pontos fortes:

- O deputado preocupa-se com a manutenção constante de um fluxo de informação com o seu eleitorado.
- O gabinete atém-se a responder a cartas, e-mails, telefonemas recebidos, fax, além de produzir um jornal. As informações são filtradas, fazendo que tenham destino certo e facilitem o *feedback* com os iniciados.
- O deputado mantém um site, atualizando diariamente ações na área parlamentar.
- O relacionamento dos assessores pode ser considerado amistoso.

Pontos fracos:

- A estrutura física do gabinete, principalmente quando se trata de divisórias. A conversa paralela e o barulho dos outros setores dificultam o trabalho diário.
- A agenda do deputado é superlotada de compromissos, trabalho parlamentar, reuniões com comunidades e viagens às bases eleitorais
- O excesso de compromissos se torna a grande desculpa para o deputado não realizar reuniões com sua equipe interna.

- O fluxo de informações entre os funcionários é deficiente, porque estes estão, na maioria do tempo, realizando tarefas para atender o público externo.
- O único instrumento de comunicação para os funcionários é o quadro de avisos. Porém, sua atualização não é constante, além de apresentar-se poluído visualmente.

Somados a esse relatório, temos o resultado de uma pesquisa efetuada por meio de um questionário, no qual os assessores respondiam a questões sobre comportamento da comunicação interna e não precisavam se identificar.

Depois de uma análise de cada questão respondida no questionário pelos assessores, concluímos que a assessoria do gabinete do deputado tem uma clara visão de que a comunicação interna é falha e precisa melhorar. A maioria dos assessores apontou que essa deficiência ocorria por causa de algumas pessoas que, por algum motivo, não transmitiam todas as informações pertinentes à assessoria, sendo um ponto muito negativo para o ambiente profissional. A rapidez com que os fatos políticos ocorrem também foi indicada como uma das causas da deficiência.

Em detrimento da inexistência de um fluxo contínuo das informações internas, os assessores sentem-se prejudicados; 42% deles dizem saber das atividades cumpridas pelo deputado depois ou ao longo do acontecimento. Isso gera, no ambiente interno, um desencontro de informações, ou seja, várias respostas para uma única pergunta, pois grande parte dos funcionários da assessoria não sabe o que o deputado está fazendo, ou obtém a informação apenas quando o assunto é questionado, ignorando a importância das atividades do deputado.

As áreas consideradas mais importantes para uma maior interação de todas as outras áreas do gabinete foram: informática, secretaria e imprensa. Os pesquisados também afirmaram que é essencial que as informações da sua área sejam conhecidas por outras áreas do gabinete, mas como não existe um fluxo contínuo das informações internas acabam por guardar as informações para eles ou, se existe a tentativa de transmiti-las a outros assessores, isso não é feito de forma eficiente.

Para a equipe do gabinete do deputado, os melhores meios de divulgação das informações internas para que haja uma homogeneidade dos assessores e que hoje não têm sido utilizados com eficiência são: o quadro de avisos e as reuniões internas semanais.

Ficou claro também que a equipe está muito satisfeita com a atividade que desempenha no gabinete; no entanto, muitas opções que foram apontadas demonstraram que algumas pessoas acabam por fazer o trabalho de outras; já certos assessores fazem todo seu trabalho e ainda têm disponibilidade de fazer mais coisas. Percebe-se, então, uma má distribuição de atividades no gabinete, em que alguns trabalham muito e outros, pouco.

Uma questão surpreendente foi em relação ao salário, pois a equipe se diz satisfeita com a atividade que desempenha, mas 47% dos assessores acreditam que a remuneração poderia ser melhor. Outro dado interessante é a motivação que a equipe sente em trabalhar no gabinete, mesmo quando 50% da assessoria acredita que os colegas não são compreensíveis e que o clima interno do gabinete não é tão agradável. Outra questão que se destacou foi que o grau de percepção do assessor em relação ao restante da equipe é muito maior que o grau de percepção da equipe em relação a ele. Ou seja, o assessor gosta de trabalhar com todo o restante da equipe, mas a sua percepção para dizer se os outros assessores gostam de trabalhar com ele é muito menor. Com isso, comprova-se que o índice de individualismo na equipe é grande.

Setenta e quatro por cento da assessoria acredita ser ótima uma restruturação do fluxo da comunicação interna do gabinete, mas para isso trabalhou-se a conscientização de cada um, de que para se resolver um problema do gabinete é necessário um trabalho da equipe, para depois então adotar um plano de comunicação com um fluxo de informações internas.

É muito importante a conscientização de que todos dependem uns dos outros para que o público externo perceba que a equipe do deputado tem homogeneidade. Com base nas informações oriundas das pesquisas e das constatações *in loco*, traçamos o planejamento para resolução dos problemas apontados.

Basicamente deveríamos nos ater ao principal problema que se apresentou: elaborar estratégias de comunicação interna no gabinete do deputado, visando uniformizar as informações, motivando e conscientizando os funcionários sobre a importância do bom relacionamento interno que trará reflexos positivos externamente.

Para que isso ocorresse, tivemos especificamente de:

◆ restruturar os instrumentos de comunicação interna;
◆ promover reuniões;
◆ desenvolver ações com o objetivo de integrar a equipe;
◆ motivar o funcionário a desenvolver suas aptidões, fortalecendo ao mesmo tempo o espírito de equipe;
◆ conscientizar a equipe da importância de cada assessor;
◆ reformular a estrutura física do gabinete.

Vamos às ações que efetuamos para corrigir e implantar o sistema:

REUNIÕES: o estabelecimento de reuniões dentro do gabinete com os assessores é de suma importância, pois será nesse contexto que surgirão novas ideias, assim como a troca de informações. A reunião de *briefing* pode ser um forte instrumento de comunicação à medida que as ações do deputado e os fatos atuais serão discutidos. Deve-se ressaltar que esta ação foi muito solicitada na pesquisa. A pauta dessas reuniões deve ser preestabelecida, assim como os temas, que precisam ser expostos de forma clara e objetiva, para que todos estejam preparados para algum possível debate. O agendamento da reunião deve ser feito pelo chefe de gabinete, ou por qualquer outro assessor que sentir necessidade, conciliando o horário de todos os assessores para que possam estar presentes.

A reunião poderá ser coordenada pelo deputado ou por qualquer dos assessores, porém será sempre presidida pelo deputado. Torna-se essencial que todos estejam trabalhando em uníssono para manter as forças concentradas a cada desafio a ser vencido.

EVENTOS DE INTEGRAÇÃO: uma equipe envolvida no processo todo precisa ser incentivada a se reunir em torno de um objetivo comum. A integração da comunicação permite que se estabeleça uma política global, em função de uma coerência maior entre programas, de uma linguagem comum e de um comportamento homogêneo. É importante que os setores trabalhem de forma conjunta, tendo a vitória como objetivo, e consequentemente a reeleição do deputado, ao mesmo tempo respeitando os objetivos específicos e os valores de cada um.

Dinâmicas coordenadas por um profissional de recursos humanos foram realizadas com o intuito de integrar ainda mais os assessores, fortalecendo os laços de relacionamentos já existentes ou minimizando atritos interpessoais.

Eventos como confraternizações, comemorações de aniversários, cafés e *happy-hours* envolvendo apenas assessores favorecem a integração entre eles, havendo, assim, oportunidade para o estreitamento das relações e, consequentemente, uma melhoria no fluxo de informações dentro do gabinete.

QUADRO DE AVISOS: considerado o veículo mais eficiente na pesquisa realizada com os assessores. Além desse favoritismo, é um instrumento ideal para o espaço físico do gabinete – sempre pequeno –, possibilitando a leitura por todos os assessores, já que a posição estratégica e a apresentação física atraente garantem a sua eficácia. O quadro será administrado por um dos assessores, que também será responsável pela organização, atualização, produção das mensagens afixadas e, sobretudo, pela despoluição do veículo, para tornar sua leitura agradável.

É importante combinar notícias, recados, mensagens motivadoras, cores de papéis diferentes e, se possível, fotos e figuras para chamar a atenção do leitor. A constante atualização dos fatos relevantes no ambiente político funciona como uma forma de atualizar os assessores sobre a conjuntura do momento. A linguagem deverá ser simples com o intuito de não gerar duplo sentido ou ambiguidade da mensagem.

Ainda no quadro de avisos poderá haver uma seção com matérias publicadas na imprensa sobre política. Essa seção será de responsabilidade do profissional de imprensa, que escolherá as matérias mais relevantes para os funcionários do gabinete. Essas matérias colocadas no quadro de avisos terão o objetivo de informar os assessores sobre os fatos da política municipal, estadual e nacional.

FIXAÇÃO DE MENSAGENS: os assessores, dentro do gabinete, devem estar em sintonia e motivados, e usar uma linguagem homogênea, com um único objetivo: a reeleição do deputado. Para tanto, sugere-se a elaboração de mensagens curtas lembrando fatos relevantes que devem ser reforçados. Os grandes eventos precisam ser divulgados para todos e todos devem ajudar a fazer do político um sucesso.

CASE 3

Este case é muito comum em prefeituras de todo o Brasil. Um prefeito nos chamou, dizendo que seu departamento de comunicação/assessoria de imprensa não funcionava porque o jornalista responsável não era competente para fazer um bom trabalho de assessoria, que nada virava notícia, que tudo de bom que a prefeitura vinha fazendo não chegava aos ouvidos da população, que só saía no jornal o que a oposição colocava e outras reclamações do gênero.

Nossa primeira providência foi conhecer o departamento de comunicação da prefeitura e seus recursos. Na verdade, todo departamento era formado por uma jornalista e um radialista, que trabalhava apenas meio período, compondo assim a força laboral do departamento. Não existia fax e o telefone era um ramal que nem sempre dava linha. Computador era um sonho que passava longe desse departamento. Era com essa estrutura que o prefeito queria divulgação.

Por meio de um relatório e várias conversas com o prefeito, conseguimos convencê-lo de que não existe mídia espontânea, mas mídia conquistada, e que tínhamos de partir para a conquista.

Telefone com linha direta, um bom fax, dois funcionários para digitação e fluxo interno de informações e papelada, computador com um bom editor de texto e Internet com banda larga, o radialista trabalhando o dia inteiro foram as primeiras ações.

Em seguida, a jornalista viajou à cidade-polo da região, que detinha redações dos jornais regionais mais importantes e uma redação regional de um jornal de abrangência nacional, e visitou as redações, colocando-se à disposição dos redatores e pauteiros, formalizando o canal de comunicação com a prefeitura e demonstrando a organização do departamento e o interesse em manter esse canal aberto.

O resultado dessa ação foi rapidamente percebido, pois os veículos contatados assimilaram a nossa atitude e começaram a divulgar as notícias de nossa cidade.

Em paralelo, fizemos uma pesquisa entre os funcionários da prefeitura e outra com a população para aferirmos que canais de comunicação atingiam esses públicos e qual a imagem do atual prefeito perante esses universos.

Na pesquisa entre os funcionários públicos, ficou constatado que os servidores sentiam-se menosprezados pelo prefeito e seus assessores, visto que nenhuma atitude ou programação foi estabelecida para eles. Porém, embora esse sentimento existisse, a maioria prontificou-se a conhecer os programas e projetos do prefeito para elaborar sugestões e observações sobre eles.

Imediatamente realizamos um treinamento motivacional com funcionários públicos, tendo em um dos módulos a presença do próprio prefeito, demonstrando a importância que eles tinham dentro da estrutura administrativa da prefeitura. Uma semana após o treinamento surgiu um boletim direcionado especificamente para os funcionários públicos. A mudança saltava aos olhos. Dentro do próprio ambiente da prefeitura, os funcionários sentiam-se mais seguros e confiantes, dada a importância demonstrada pela administração nesses primeiros movimentos. Claro que esse processo é longo e que não se modificam as atitudes das pessoas da noite para o dia, mas depois de alguns meses já tínhamos os chamados propagadores das ações da prefeitura funcionando a contento.

Na pesquisa efetuada com a população, o que mais nos chamava a atenção era a falta de assistência direta do prefeito à comunidade. Ele sentia receio de ser cobrado e de receber solicitações que não fosse capaz de resolver. Novamente tivemos de demonstrar ao prefeito que apenas 20% dos que lhe procuram estão atrás de algum bem material; 80% da população está apenas com carência afetiva e necessita de uma palavra da maior autoridade municipal.

VAMOS PARA A RUA

Com o projeto "Prefeitura nos Bairros" fizemos algumas incursões nos bairros, com o prefeito e todo o secretariado e assessoria.

O simples fato de levarmos a sede administrativa para os bairros já começava a conotar a preocupação do poder executivo em ouvir as bases eleitorais e se aproximar delas. O prefeito se assustou com a quantidade de pessoas que votaram nele em alguns bairros e ainda o defendiam, apesar da demora no cumprimento das promessas e de algumas obras mais emergenciais. Ficou evidente que o prefeito ainda detinha um grande exército de liderados, que necessitava de argumentação lógica e convincente sobre as atividades do prefeito para argumentar a seu favor nesses bairros.

Providenciamos o famoso jornal "Chapa Branca", que poucos prefeitos conhecem ou consideram sem nenhuma serventia. Por meio desse jornal é que informamos os munícipes que ainda defendiam o prefeito com programas, propostas e ideias da administração.

No departamento de cerimonial, que não existia e foi por nós criado, colocamos uma secretária eletrônica para receber as sugestões e críticas sobre a administração. Outro sucesso. Recebíamos por dia de quarenta a cinquenta ligações com as mais variadas sugestões, observações, denúncias, propostas e algumas soluções para problemas existentes.

Esse prefeito terminou seu mandato com 80% de aprovação popular e, apoiando um dos candidatos, elegeu seu sucessor.

CASE 4

Cidade média no interior do Paraná. As pesquisas mostravam ao prefeito que a população não conseguia obter conhecimento de nenhuma obra ou ação social que a prefeitura vinha desenvolvendo ou tivesse concluído.

Nossa primeira providência foi transformar as ações em projetos, com nome e objetivo determinado. Por exemplo, existia uma ação na secretaria de agricultura chamada "Patrulha Mecanizada" que somente pelo nome, como demonstrou a pesquisa, nada dizia à sociedade. Transformamos então no "Projeto Patrulha Agrícola nas Suas Terras", com um plano de divulgação específico ao público, ampliando-o para toda a sociedade com o objetivo maior de demonstrar os benefícios advindos desse projeto.

Reorganizamos todo o departamento de comunicação social, que contava apenas com um jornalista e um "faz-tudo".

Envolvimento da administração: um projeto de marketing pressupõe que toda a equipe administrativa tenha noção da importância de sua aplicação. É necessário que secretários, diretores, chefes e comissionados saibam perfeitamente o que é marketing e comunicação. Temos de considerá-los peças fundamentais na engrenagem administrativa. Tivemos como ação para essa demanda as reuniões desenvolvidas.

Passo seguinte: "profissional certo no lugar certo". Uma assessoria de marketing e comunicação depende muito dos profissionais que formarão o departamento. Temos de suprir esses setores com no mínimo profissionais que entendam de pesquisas, imprensa, relações públicas, propaganda, articulação, promoção, mobilização e apoio administrativo.

Vamos para a frente: "reorganizando o pessoal disponível". Reciclagem acima de tudo. Os profissionais que trabalham com comunicação, propaganda e marketing precisam passar, sempre, por cursos de reciclagem. A administração pública provoca, mais que a iniciativa privada, a doença do amorfismo, do conformismo e da dormência, do "emburrecimento". Os quadros devem ser submetidos frequentemente a choques de criatividade. É preciso conhecer o que os outros estão fazendo e o que está dando certo.

Os que já desenvolviam algum trabalho na área, assim como os novos contratados, participaram de três cursos de reciclagem e tomaram parte em eventos de atualização (seminários e congressos).

Pesquisas na hora certa e sobre o tema certo. A cada três meses, realizamos pesquisas de acompanhamento para aferição de: avaliação dos serviços públicos, imagem do prefeito e das secretarias, programas de governo, avaliação de novas ações e demandas sociais, além de, obviamente, medirmos o grau de conhecimento das obras, ações e projetos da prefeitura e do prefeito.

Com a aplicação dessas ações e o acompanhamento constante de nosso escritório, revertemos a situação apresentada, alcançando altos índices de conhecimento e aprovação popular dos projetos da prefeitura, consolidando assim uma base sólida para a reeleição do prefeito.

Carlos Augusto B. Manhanelli começou a militar em campanhas eleitorais no ano de 1974, época em que esse trabalho era considerado muito perigoso, pois as colagens e pichações só podiam ser feitas à noite e com cuidado para não encontrar militantes do partido adversário.

Formado em Administração de Empresas, jornalista e radialista, com cursos de especialização em Sociologia, Ciência Política e Marketing e MBA em Marketing pela USP, utilizou a experiência adquirida antes, durante e depois das campanhas para escrever sobre o tema. É autor de *Eleição é guerra – Marketing para campanhas eleitorais* e *Estratégias eleitorais – Marketing político*, ambos editados pela Summus.

Trabalhou em televisão como diretor comercial e de marketing e produziu programas de entrevistas políticas e de análise de campanhas eleitorais no Piauí e no Maranhão.

É diretor da Manhanelli & Associados e coordena campanhas eleitorais em todo o país. Atuou como conferencista, consultor de marketing, coordenador e palestrante do primeiro ciclo nacional de seminários sobre Marketing Político e Administração de Campanhas Eleitorais, promovido pela Associação Brasileira de Consultores Políticos (ABCOP), da qual é presidente.

IMPRESSO NA
sumago gráfica editorial ltda
rua itauna, 789   vila maria
02111-031   são paulo   sp
tel e fax 11 **2955 5636**
sumago@sumago.com.br